BEI GRIN MACHT SICH IHR WISSEN BEZAHLT

- Wir veröffentlichen Ihre Hausarbeit, Bachelor- und Masterarbeit

- Ihr eigenes eBook und Buch - weltweit in allen wichtigen Shops

- Verdienen Sie an jedem Verkauf

Jetzt bei www.GRIN.com hochladen und kostenlos publizieren

Bibliografische Information der Deutschen Nationalbibliothek:

Die Deutsche Bibliothek verzeichnet diese Publikation in der Deutschen National-
bibliografie; detaillierte bibliografische Daten sind im Internet über http://dnb.d-
nb.de/ abrufbar.

Impressum:

Copyright © 2008 GRIN Verlag
Druck und Bindung: Books on Demand GmbH, Norderstedt Germany
ISBN: 9783668258013

Dieses Buch bei GRIN:

https://www.grin.com/document/335483

Philipp Kynast

Aus der Reihe: e-fellows.net stipendiaten-wissen

e-fellows.net (Hrsg.)

Band 1897

Das VW-Gesetz, das EuGH-Urteil vom 23. Oktober 2007 und die Folgen

GRIN Verlag

Inhaltsverzeichnis

A. Einleitung

Seit mehreren Jahren ist das sogenannte VW-Gesetz[1] Streitgegenstand zwischen der Bundesrepublik Deutschland und der Europäischen Kommission. Zentrale Regelungspunkte des Gesetzes werden von der Kommission als unvereinbar mit den europäischen Grundfreiheiten aus Art. 56 und Art. 43 EG erachtet. Der Streit fand seinen vorläufigen Höhepunkt mit dem Urteil des EuGH vom 23. Oktober 2007.[2] Darin befand der Gerichtshof die Klage der Kommission in Bezug auf Art. 56 Abs. 1 EG für Recht und verurteilte die Bundesrepublik Deutschland zur Angleichung des VW-Gesetzes an europäisches Recht. Wirklich überraschen konnte das Urteil niemanden.[3] Vielmehr erweiterte der EuGH durch selbiges Urteil seine Rechtsprechung zu den sogenannten Goldenen Aktien,[4] von denen sich die im VW-Gesetz in Frage stehenden – zwar grundsätzlich vergleichbaren – Regelungen jedoch im Detail unterscheiden.[5] Neben den umstrittenen rechtlichen Implikationen für das VW-Gesetz und in deren Folge für die Satzung der Volkswagen AG kommt dem Urteil auch wirtschaftliche Bedeutung im Hinblick auf eine etwaige Übernahme der Volkswagen AG durch die Porsche Automobil Holding SE zu.

Um die Bedeutung des VW-Gesetzes und den vehementen Widerstand der Bundesregierung gegen dessen Abschaffung zu verstehen, ist es erforderlich, sich die insoweit maßgeblichen historischen Hintergründe zu vergegenwärtigen. Dieser Beitrag wird daher mit einer Darstellung der Besonderheiten, die zum Erlass des VW-Gesetzes führten, beginnen und danach auf den Gesetzesinhalt eingehen. Hiernach werden die von der Kommission beanstandeten Regelungen detailliert dargestellt und das EuGH-Urteil besprochen. Dabei wird der Schwerpunkt auf die Einordnung der Regelungen des VW-Gesetzes in die vom EuGH in ständiger Rechtsprechung so bezeichneten Goldenen Aktien gelegt. Abschließend werden die umstrittenen Folgen des Urteils unmittelbar für das VW-Gesetz herausgestellt und ein Ausblick auf weitere mittelbare Folgen gewagt.

---

[1] Gesetz über die Überführung der Anteilsrechte an der Volkswagenwerk Gesellschaft mit Beschränkter Haftung in private Hand (VWGmbHÜG) vom 21. Juli 1960 in der Fassung des zweiten Änderungsgesetzes vom 31. Juli 1970 (BGBl. I 1970, S. 1149).

[2] *EuGH*, Urteil vom 23. Oktober 2007, Rs. C-112/05 = EuZW 2007, 697.

[3] Unter der Vielzahl von Literaturstimmen, die damit rechneten, dass der EuGH die Regelungen des VW-Gesetzes als Verstoß gegen die Kapitalverkehrsfreiheit werten würde, *Armbrüster*, JuS 2003, 224 (227); *Bayer*, BB 2004, 1 (3); *Grundmann/Möslein*, ZGR 2003, 317 (353); *Kilian*, NJW 2007, 3469; *Krause*, NJW 2002, 2747 (2750); *Oechsler*, NZG 2007, 161 (165); *Spindler*, RIW 2003, 850 (856 f.); *Weil/Lustig*, EuLF 2002, 277 (280); *Wellige*, EuZW 2003, 427; anders jedoch *Voigt*, EWS 2006, 343.

[4] *Pießkalla*, EuZW 2007, 702; *Weiss*, EWS 2008, 13.

[5] *Colomer*, Schlussanträge vom 13. Februar 2007, Rn. 3, Sander, EuZW 2005, 106 (107).

B. Historie und Inhalt des VW-Gesetzes

I. Die Volkswagenwerk GmbH

Die Geschichte von Volkswagen beginnt im Jahr 1934.[6] Der Ingenieur Ferdinand Porsche wird vom Reichsverband der Deutschen Automobilindustrie (RDA) am 22. Juni 1934 mit der Konstruktion eines Volkswagens beauftragt. Am 28. Mai 1937 gründet die Deutsche Arbeitsfront (DAF) durch ihre beiden Vermögensgesellschaften Treuhandgesellschaft für wirtschaftliche Unternehmungen mbH und Vermögensverwaltung der DAF GmbH die Gesellschaft zur Vorbereitung des deutschen Volkswagens mbH.[7] Diese wird am 16. September 1938 in Volkswagenwerk GmbH umbenannt. Der Bau des Hauptwerkes beginnt Anfang 1938 bei Fallersleben (heutiger Stadtteil von Wolfsburg). Finanziert wird das Projekt durch Zuschüsse des deutschen Staates, durch den RDA und das von der DAF am 12. August 1938 eingeführte Volkswagen-Sparsystem sowie durch das beschlagnahmte Vermögen der im Zuge der nationalsozialistischen Machtergreifung verbotenen Gewerkschaften der Weimarer Republik.[8]

Das Volkswagenswerk ist nach dem Zweiten Weltkrieg der mit Abstand bedeutsamste Arbeitgeber in der Region und sichert einem Großteil der ansässigen Bevölkerung Beschäftigung. Die britische Militärregierung, die die Volkswagenwerk GmbH nach der Beschlagnahme durch das Kontrollratsgesetz Nr. 52 vom 10. Oktober 1945[9] treuhänderisch verwaltet, ist sich dieser zentralen Bedeutung bewusst und ordnet die zivile Produktion von Serienfahrzeugen an. Das Volkswagenwerk wird so zum britischen Regiebetrieb und bleibt von der drohenden Demontage verschont. Zwischen der Werksleitung und dem Betriebsrat wird eine Betriebsvereinbarung ausgehandelt, die am 10. Mai 1946 in Kraft tritt. Den Arbeitnehmervertretern werden volle Mitbestimmungsrechte bezüglich betrieblichen Veränderungen, Einstellungen, Entlassungen sowie Lohn- und Gehaltsfragen gemäß dem alliierten Betriebsrätegesetz von 1946 zugesichert. Am 6. September 1949 wird dem Land Niedersachsen durch die Verordnung 202[10] der britischen Militärregierung die Verwaltung des Volkswagenwerkes übertragen. Die Treuhänderschaft der Volkswagenwerk GmbH wird am 8. Oktober desselben Jahres an die Bundesregierung übergeben.

II. Klärung der Rechtsverhältnisse durch Staatsvertrag und VW-Gesetz

Während die Produktion des Volkswagenwerkes kontinuierlich gesteigert wird und das Unternehmen erfolgreich ins Ausland expandiert, bleiben die Rechtsverhältnisse an der

---

[6] Zur Entstehungsgeschichte siehe Volkswagen Chronik, Der Weg zum Global Player, S. 6 ff.

[7] Dazu näher *Kreienschulte*, Der Rechtscharakter der Stiftung Volkswagenwerk (1969), S. 3.

[8] Vgl. zur Finanzierung auch *Colomer*, (Fn. 5), Rn. 19, 22.

[9] ABlMilReg Nr. 3 S. 18.

[10] Verordnung 202 der britischen Militärregierung vom 6. September 1949 (Verordnungsblatt für die britische Zone 1949, S. 500).

Volkswagenwerk GmbH ungeklärt.[11] Die DAF ist durch das Kontrollratsgesetz Nr. 2 ohne Liquidation aufgelöst worden. Das Land Niedersachsen übt die Treuhänderschaft über das Vermögen der Gesellschaft im Auftrag und nach Weisung der Bundesregierung aus.[12] Ehemalige Beteiligte des Volkswagen-Sparsystems melden Ansprüche auf Lieferung von Fahrzeugen an und erheben Klage.[13] Von rund 336.000 Sparern haben sich bis zum Jahr 1945 etwa 275 Mio. Reichsmark angesammelt, die 1945 auf einem Sonderkonto der Bank der Deutschen Arbeit AG liegen.[14] Die Forderungen stellen den Fortbestand der Volkswagenwerk GmbH in Frage. Erst als sich Ende der 50er Jahre die Abweisung der Klage durch die Gerichte abzeichnet, melden sowohl die Bundesregierung als auch das Land Niedersachsen Eigentumsansprüche an der Gesellschaft an. Daneben beanspruchen die Gewerkschaften Eigentum an der Gesellschaft, die nachgewiesenermaßen auch durch das Vermögen der 1933 zerschlagenen Gewerkschaften der Weimarer Republik finanziert worden ist. Zusätzlich machen die Beschäftigten der Volkswagenwerk GmbH Ansprüche geltend und verweisen zur Begründung darauf, dass sie das Unternehmen in den vorangegangenen 15 Jahren eigeninitiativ zum Erfolg geführt haben. Sie fordern eine Umwandlung der GmbH in eine Stiftung oder jedenfalls die Einbringung der Gesellschaftsanteile in eine solche.[15]

Abschließend geregelt wird die Eigentumsfrage durch einen Vergleich in Form eines Staatsvertrages, der zwischen der Bundesrepublik und dem Land Niedersachsen am 12. November 1959 geschlossen wird.[16] In diesem Vertrag wird das Eigentum an sämtlichen Geschäftsanteilen der Bundesrepublik zugesprochen. Weiter wird festgelegt, dass die Volkswagenwerk GmbH sodann in eine Aktiengesellschaft (ursprünglich Volkswagenwerk AG; ab dem Jahr 1985 Volkswagen AG) mit jeweils 20%iger Beteiligung der Bundesrepublik und des Landes Niedersachsen am Grundkapital umzuwandeln ist.[17] Die verbleibenden 60% des Grundkapitals sollen zur möglichst breiten Eigentumsstreuung in Form der Ausgabe sogenannter Volksaktien privatisiert werden. Daneben verpflichten sich die Bundesrepublik und das Land Niedersachsen zur gemeinsamen Gründung einer Stiftung zur Förderung von Wissenschaft und Technik in Forschung und Lehre um auch den Interessen der Arbeitnehmer gerecht zu werden.[18] Die Stiftung Volkswagenwerk (heute: VolkswagenStiftung) soll mit dem Erlös aus der Aktienveräußerung ausgestattet werden und einen Anspruch auf die jährlichen Gewinne aus den bei der öffentlichen Hand verbleibenden Aktien

---

[11] *Colomer*, (Fn. 5), Rn. 25.

[12] Vgl. dazu auch BVerfGE 12, 354 = NJW 1961, 1107, Rn. 5; *Kreienschulte*, (Fn. 7), S. 5.

[13] Sogenannter Volkswagen-Sparer Prozess, in dem es erst nach 12 Jahren Prozessdauer am 16. Oktober 1961 zu einem Vergleich kommt.

[14] *Kreienschulte*, (Fn. 7), S. 4.

[15] Zu den widerstreitenden Interessen BVerfGE 12, 354 = NJW 1961, 1107 Rn. 5; *Kreienschulte*, (Fn. 7), S. 6 ff.

[16] Vertrag über die Regelung der Rechtsverhältnisse bei der Volkswagenwerk Gesellschaft mit beschränkter Haftung und über die Errichtung einer „Stiftung Volkswagenwerk" (BGBl. I 1960, S. 302).

[17] §§ 1 und 2 des Staatsvertrages.

[18] § 3 des Staatsvertrages.

haben. Um auch weiterhin Einfluss auf die Geschicke des Unternehmens zu behalten, vereinbaren die Bundesrepublik und das Land Niedersachsen ein Entsenderecht für jeweils zwei Vertreter in den Aufsichtsrat der Volkswagen AG, eine Stimmrechtsbeschränkung in Höhe von 0,01% des Grundkapitals (von der die Bundesrepublik und das Land Niedersachsen für 10 Jahre ausgenommen sind), sowie ein Mehrheitserfordernis in Höhe von 80% für sämtliche Beschlüsse, für die nach dem Aktiengesetz eine qualifizierte Mehrheit erforderlich ist.[19] Der vertraglich geregelte Vergleich wird durch das Gesetz über die Regelung der Rechtsverhältnisse bei der Volkswagenwerk Gesellschaft mit beschränkter Haftung[20] vom 9. Mai 1960 (auch als VW-Vorschaltgesetz bezeichnet) und das Gesetz über die Überführung der Anteilsrechte an der Volkswagenwerk Gesellschaft mit beschränkter Haftung in private Hand vom 21. Juni 1960[21] auch gesetzlich verankert. Letzteres stellt die Urfassung des nunmehr umstrittenen VW-Gesetzes dar.

III. Inhalt des VW-Gesetzes

Das VW-Gesetz in seiner Urfassung umfasst 14 Paragraphen. Bereits im Jahr 1965 kommt es jedoch zu einer ersten Änderung. Durch § 38 des Einführungsgesetzes zum Aktiengesetz[22] vom 6. Juni 1965 wird unter anderem die Stimmrechtsvertretung verschärft. § 3 VW-Gesetz hat ursprünglich eine Stimmrechtsvertretung in der Hauptversammlung durch Vollmacht vorgesehen. Nach der Änderung ist diese Vertretung zwar grundsätzlich weiterhin möglich, die Vollmacht gilt jedoch nur für die jeweils nächste Hauptversammlung. Das Gesetz zur Änderung des Gesetzes über die Überführung der Anteilsrechte an der Volkswagenwerk Gesellschaft mit beschränkter Haftung in private Hand[23] vom 2. August 1966 enthält eine Änderung zu § 1 Abs. 3 VW-Gesetz. Durch das Zweite Gesetz zur Änderung das Gesetzes über die Überführung der Anteilsrechte an der Volkwagenwerk Gesellschaft mit beschränkter Haftung in private Hand[24] vom 31. Juli 1970 erhält das VW-Gesetz seine gegenwärtig noch gültige Fassung. §§ 5 bis 12 VW-Gesetz, welche die Verkaufsmodalitäten der Aktien betreffen, werden ebenso gestrichen wie § 2 Abs. 4, § 3 Abs. 5 S. 2 und § 13 S. 2 VW-Gesetz. Zudem wird die Stimmrechtsbeschränkung modifiziert. Die Befreiung der Bundesrepublik und des Landes Niedersachen von der Beschränkung des Stimmrechts auf 0,01% des Grundkapitals droht wegen ihrer Befristung auf 10 Jahre abzulaufen. Durch das zweite Änderungsgesetz wird die Beschränkung für alle Aktionäre einheitlich auf 20% des Grundkapitals festgelegt. Die Höhe dieser Beschränkung entspricht dabei der jeweiligen damaligen Beteiligungsquote der Bundesrepublik sowie des Landes Niedersachsen.[25] Sowohl die

---

[19] § 5 des Staatsvertrages.
[20] VWGmbHG, BGBl. I 1960, S. 301.
[21] BGBl. I 1960, S. 585.
[22] BGBl. I 1965, S. 1194.
[23] BGBl. I, S. 461.
[24] BGBl. I, S. 1149.
[25] Vgl. *Baums*, AG 1990, 221 (224).

Privatisierung durch das VW-Gesetz als auch die staatlich angeordnete Stimmrechtsumverteilung durch das Zweite Änderungsgesetz werden jeweils Gegenstand von Verfassungsbeschwerden, die jedoch für unbegründet respektive unzulässig erklärt werden.[26]

In der gegenwärtigen Fassung enthält das VW-Gesetz noch 6 Paragraphen. § 1 regelt die Umwandlung der ehemaligen GmbH in eine AG. § 2 betrifft das Stimmrecht und statuiert die Stimmrechtsbeschränkung auf 20% des Grundkapitals. In § 3 werden Regelungen für die Vertretung bei der Stimmrechtsausübung getroffen. Unter der Überschrift „Verfassung der Gesellschaft" verankert § 4 Abs. 1 das Recht der Bundesrepublik Deutschland und des Landes Niedersachsen – solange sie Aktien der AG besitzen – jeweils zwei Vertreter in den Aufsichtsrat zu entsenden; Absatz 2 regelt das Zustimmungserfordernis des Aufsichtsrates bei der Errichtung und Verlegung von Produktionsstätten und schließlich wird durch Absatz 3 das Quorum für nach dem Aktiengesetz mit drei Viertel Mehrheit zu treffende Hauptversammlungsbeschlüsse auf eine vier Fünftel Mehrheit angehoben. Die ursprünglichen §§ 5 bis 12 sind entfallen. §§ 13 und 14 enthalten die Berlin-Klausel und bestimmen das Inkrafttreten.

---

[26] Vgl. BVerfGE 12, 354 Az.: 1 BvR 561/60, 579/60, 114/61 sowie Az.: 1 BvR 764/70.

C. Das Verfahren vor dem EuGH

I. Die Beanstandungen der Europäischen Kommission

Das VW-Gesetz hat bei der Kommission im Zuge der Liberalisierung des Binnenmarktes bereits seit langem Unbehagen hervorgerufen. Die Brüsseler Wettbewerbshüter sehen durch diese Sonderregelungen insbesondere den freien Kapitalverkehr beeinträchtigt. Der Angriff auf ein solches Heiligtum des zahlungskräftigen Mitglieds und politischen Schwergewichts Deutschland soll jedoch insbesondere aufgrund politischer Verflechtungen wohl überlegt sein. So wird das Vorhaben mehrere Male zurückgestellt und der damalige Binnenmarktkommissar Frits Bolkestein kann sich erst in der letzten Sitzung seiner Amtszeit durchsetzen, endgültig ein Verfahren vor dem EuGH einzuleiten.[27] Am 19. März 2003 richtet die Kommission ein Mahnschreiben wegen EG-Vertragsverletzung an die Bundesrepublik Deutschland.[28] In diesem förmlichen Eröffnungsschreiben im Rahmen des Vorverfahrens eines Vertragsverletzungsverfahrens nach Art. 226 EG fordert die Kommission die Bundesregierung zur Begründung des VW-Gesetzes auf.[29] Explizit führt sie an, dass nach ihrer Auffassung die „Beschränkung der Stimmrechte auf maximal 20% in Verbindung mit einer Sperrminorität von 20%" und die „obligatorische Vertretung des Staates im Aufsichtsrat" ein Hindernis für die im EG-Vertrag garantierte Kapitalverkehrs- und Niederlassungsfreiheit darstellen könnten.[30] Die Antwort der Bundesregierung vom 20. Juni 2003 fällt nicht zur Zufriedenheit der Kommission aus, so dass am 1. April 2004 eine mit Gründen versehene Stellungnahme folgt.[31] In dieser wird die Bundesrepublik Deutschland ultimativ aufgefordert, innerhalb von zwei Monaten die nötigen Maßnahmen zur Abschaffung oder Angleichung des VW-Gesetzes an geltendes europäisches Recht zu ergreifen. Die Bundesregierung teilt die Auffassung der Kommission nicht. Vielmehr ist sie davon überzeugt, das VW-Gesetz sei mit geltendem europäischem Recht vereinbar. Mit Schreiben vom 12. Juni 2004 fordert sie daher eine Verfahrenseinstellung seitens der Kommission. Daraufhin erhebt die Kommission am 4. März 2005 Klage vor dem EuGH auf Feststellung einer Vertragsverletzung gemäß Art. 226 EG.[32] In der Klageschrift[33] beantragt die Kommission die Feststellung eines Verstoßes von § 2 Abs. 1, § 4 Abs. 1 und § 4 Abs. 3 VW-Gesetz gegen Art. 56 und Art. 43 EG.

---

[27] *Friedrich*, VW 2004, 238; *Friedrich*, VW 2004, 1657; *Ysselstein*, VW 2003, 484.

[28] Pressemitteilung IP/03/410 der Europäischen Kommission vom 19. März 2003; diese und im Folgenden zitierte Pressemitteilungen der Europäischen Kommission sind abrufbar unter http://europa.eu/rapid/searchAction.do.

[29] Siehe zum Klageverfahren nach Art. 226 EG *Gaitanides*, in: von der Groeben/Schwarze, Art. 226 EG Rn. 14 ff.; *Ehricke*, in: Streinz, EUV/EGV, Art. 226 Rn. 13 ff.

[30] Pressemitteilung IP/03/410 der Europäischen Kommission vom 19. März 2003.

[31] Pressemitteilung IP/04/400 der Europäischen Kommission vom 30. März 2004.

[32] Vgl. zum Verwaltungsverfahren *Colomer*, (Fn. 5), Rn. 30 ff.

[33] Klage der Kommission der Europäischen Gemeinschaften gegen die Bundesrepublik Deutschland, eingereicht am 4. März 2005 (Rs. C-112/05; ABl.EU C 143/15 vom 11. Juni 2005).

§ 2 Abs. 1 VW-Gesetz statuiert eine Stimmrechtsbeschränkung. Die Vorschrift besagt, dass das Stimmrecht eines jeden Aktionärs, der Aktien im Gesamtnennbetrag von mehr als dem fünften Teil des Grundkapitals besitzt, auf 20% des Grundkapitals beschränkt wird. § 4 Abs. 1 VW-Gesetz garantiert der Bundesrepublik Deutschland und dem Land Niedersachsen, solange sie Aktien der Gesellschaft besitzen, ein Entsenderecht für jeweils zwei Vertreter in den Aufsichtsrat. § 4 Abs. 3 VW-Gesetz normiert die qualifizierte Abstimmungsmehrheit für wichtige Beschlüsse der Hauptversammlung. Danach wird die vom Aktiengesetz geforderte Mehrheit von mehr als drei Vierteln des bei der Beschlussfassung vertretenen Grundkapitals auf mehr als vier Fünftel angehoben. Die Kommission führt an, dass das Entsenderecht der öffentlichen Hand das Recht der anderen Aktionäre auf angemessene Vertretung im Aufsichtsrat beschränke. Das staatlich angeordnete Höchststimmrecht sei geeignet, Anleger aus anderen Mitgliedstaaten von der Investition in die Gesellschaft und der Teilhabe an deren Verwaltung und Kontrolle abzuhalten und stelle somit eine indirekte Erwerbsbeschränkung dar. Weiterhin sichere die Herabsetzung der Sperrminorität von 25% auf 20% dem Land Niedersachsen mit seinem Aktienanteil und der gewöhnlich niedrigen Beteiligung in der Hauptversammlung die dauerhafte Möglichkeit zur Blockade wichtiger Entscheidungen. Daher stelle diese Vorschrift eine Behinderung durch die Ausübung staatlicher Macht dar.

II. Die Problematik der Goldenen Aktien

Die Auffassung der Kommission bezüglich der EG-Vertragswidrigkeit der oben genannten Vorschriften des VW-Gesetzes stützt sich hauptsächlich auf die Rechtsprechung des EuGH zu den Goldenen Aktien.[34] In den drei Grundsatzentscheidungen[35] des EuGH aus dem Jahr 2002 werden als Goldene Aktien staatliche Sonderrechte, namentlich Erwerbsbeschränkungen und Kontrollrechte, an privatisierten ehemals staatlichen Unternehmen angesehen.[36] Durch diese Sonderrechte wollten die beklagten Regierungen sicherstellen, dass auch nach einer Privatisierung die Kontrolle über die überwiegend als politisch oder wirtschaftlich besonders wichtig eingestuften Unternehmen nicht vollständig dem staatlichen Einflussbereich entzogen wird und unerwünschte Übernahmen insbesondere durch ausländische Investoren verhindert werden können.[37] Die Sonderrechte waren im Falle Belgiens und Frankreichs an die Inhaberschaft von Aktien des Unternehmens geknüpft, wurden jedoch nur der öffentlichen Hand gewährt.[38] Bereits der Besitz einer einzigen symbolischen Aktie reichte zur Gewährung dieser Sonderrechte. Im Falle Portugals

---

³⁴ *Colomer*, (Fn. 5), Rn. 40.

³⁵ *EuGH*, Urteile vom 6. Juni 2002, Rs. C-483/99 – Kommission/Frankreich, Rs. C-503/99 – Kommission/Belgien und Rs. C-367/98 – Kommission/Portugal = BB 2002, 1882.

³⁶ *Krause*, NJW 2002, 2747, *Grundmann/Möslein*, BKR 2002, 759.

³⁷ Vgl. *Armbrüster*, Jus 2003, 224 (225); *Weiss*, EuZW 2008, 13; *Ruge*, EuZW 2002, 421.

³⁸ *Grundmann/Möslein*, ZGR, 2003, 317 (322).

wurden dem Staat die Sonderrechte entgegen des Namens Goldene Aktien sogar unabhängig von jeglichem Aktienbesitz gewährt.[39]

Mithin stellen Goldene Aktien ein Mittel für die öffentliche Hand dar, sich unabhängig von der Höhe der staatlichen Beteiligung überproportionale oder besondere Einflussrechte auf privatisierte Unternehmen zu sichern.[40] Die Rechtsprechung des EuGH zu Goldenen Aktien geht einher mit der Strategie der Kommission zur Liberalisierung grenzüberschreitender Investitionen.[41] Dieser liegt die Befürchtung zugrunde, dass Sonderrechte des Staates in privatisierten Unternehmen die Einflussmöglichkeiten anderer Investoren auf die Leitung und Verwaltung dieser Gesellschaften schmälern und daher die Kapitalverkehrs- und Niederlassungsfreiheit beeinträchtigen können.

1. Beschränkung der Kapitalverkehrsfreiheit (Art. 56 EG)

Art. 56 EG enthält ganz allgemein ein Verbot sämtlicher Beschränkungen des Kapitalverkehrs beziehungsweise des Zahlungsverkehrs zwischen den Mitgliedsstaaten (Absatz 1) sowie zwischen Mitgliedsstaaten und Dritten Ländern (Absatz 2). In Ermangelung einer Definition des Begriffes Kapitalverkehr im EG-Vertrag hat der EuGH in seinem Urteil Trummer und Mayer vom 16. März 1999[42] der Nomenklatur für den Kapitalverkehr im Anhang zur Richtlinie 88/361 EWG[43] Hinweischarakter für die Definition des Begriffes Kapitalverkehr in Art. 56 EG beigemessen.[44] Demnach umfasst der Kapitalverkehr sowohl Direktinvestitionen, darunter insbesondere den Aktienbesitz mit der Möglichkeit einer Beteiligung an Verwaltung und Kontrolle von Gesellschaften, als auch indirekte Investitionen wie etwa als sogenannte Portfolioinvestitionen bezeichnete Unternehmensbeteiligungen zu Geldanlage- und Spekulationszwecken ohne Einflussnahme auf Verwaltung und Kontrolle der Gesellschaft.[45] Nach Ansicht des Gerichtshofes fallen unter Beschränkungen der Kapitalverkehrsfreiheit nationale Maßnahmen, „wenn sie geeignet sind, den Erwerb von Aktien der betroffenen Unternehmen zu verhindern oder zu beschränken oder aber Investoren aus anderer Mitgliedsstaaten davon abhalten, in das Kapital dieser Unternehmen zu investieren."[46] Mit diesem Abstellen auf die bloße Eignung überträgt der EuGH die Dassonville-

---

[39] Vgl. *Ruge*, EuZW 2002, 421.

[40] Vgl. *EuGH*, Urteile vom 13. Mai 2003, Rs. C-463/00 – Kommission/Spanien = BB 2003, 1520 und Rs. C-98/01 – Kommission/Großbritannien, BB 2003, 1524; *EuGH*, Urteil vom 2. Juni 2005, Rs. 174/04 – Kommission/Italien = EWiR 2005, 597; *EuGH*, Urteil vom 28. September 2006, verb. Rs. C-282/04, C-283/04 – Kommission/Niederlande = EuZW 2006, 722.

[41] Wellige, EuZW 2003, 427, 429.

[42] *EuGH*, Urteil vom 16. März 1999, Rs. C-222/97 Trummer, Rn. 21.

[43] Richtlinie 88/361 EWG des Rates vom 24. Juni 1988 zur Durchführung von Artikel 67 des Vertrages, Abl. EG 1988 Nr. L 178/5.

[44] *Colomer*, (Fn. 5), Rn. 62.

[45] Vgl. *Colomer*, (Fn. 5), Rn. 62.

[46] *EuGH*, (Fn. 2), Rn. 19 mit Verweis auf die Urteile Kommission/Portugal (Fn. 35) Rn. 45, Kommission/Frankreich (Fn. 35) Rn. 41, Kommission/Spanien (Fn. 39) Rn. 61, Kommission/Vereinigtes Königreich (Fn. 39) Rn. 47, Kommission/Italien (Fn. 39) Rn. 30 f., sowie Kommission/Niederlande (Fn. 39) Rn. 20; *EuGH*, Urteil vom 19. Januar 2006, Rs. C-265/04 – Bouanich, DStRE 2006, 468 Rn. 34 f.

Formel[47] auf den Schutzbereich des Art. 56 Abs. 1 EG.[48] Eine Bereichsausnahme gemäß der in dem Urteil Keck und Mithouard zur Warenverkehrsfreiheit entwickelten Formel hat der EuGH im Urteil Kommission/Spanien abgelehnt.[49] Von erheblicher Bedeutung ist die Tatsache, dass der EuGH die Kapitalverkehrsfreiheit nicht bloß als Diskriminierungsverbot ausgestaltet, sondern darüber hinaus auch Beschränkungen erfasst, die Inländer wie Ausländer gleichermaßen treffen (Beschränkungsverbot).[50]

2. Beschränkung der Niederlassungsfreiheit (Art. 43 EG)

Art. 43 EG gewährt die freie Niederlassung von Staatsangehörigen eines Mitgliedsstaates im Hoheitsgebiet eines anderen Mitgliedsstaates. In Absatz 2 wird bestimmt, dass auch die Aufnahme und Ausübung selbständiger Erwerbstätigkeiten sowie die Gründung und Leitung von Unternehmen – insbesondere von Gesellschaften im Sinne des Art. 48 Abs. 2 EG – der Niederlassungsfreiheit unterfallen. Nach Ansicht des Generalanwalts Colomer versucht ein im Zusammenhang mit Goldenen Aktien beklagter Mitgliedsstaat gewöhnlich „über seine Eingriffsmöglichkeiten bei der Gestaltung der Aktionärsstruktur die Willensbildung der Gesellschaft privatisierter Unternehmen (entweder durch Eingriffe in die Zusammensetzung des Aktienbesitzes oder seine Beteiligung bei konkreten Verwaltungsentscheidungen) zu kontrollieren".[51] Dies habe wenig mit Kapitalverkehr zu tun, solche Eingriffsmöglichkeiten könnten sich jedoch „auf das Recht der Niederlassungsfreiheit auswirken, indem sie es sowohl direkt – wenn sie den Zugang zum Gesellschaftskapital betreffen – als auch indirekt – wenn sie seine Anziehungskraft verringern, indem sie die Entscheidungs- und Verwaltungsbefugnisse der Gesellschaftsorgane beschränken – weniger interessant machen".[52] Der Gerichtshof hat im Urteil Überseering[53] vom 5. November 2002 entschieden, dass der Erwerb von Geschäftsanteilen an einer in einem Mitgliedsstaat gegründeten und ansässigen Gesellschaft der Niederlassungsfreiheit unterfällt, sobald diese Beteiligung einen gewissen Einfluss auf Entscheidungen und Tätigkeiten der Gesellschaft verleiht.[54]

Der EuGH unterzieht Verstöße gegen Art. 43 EG einer ähnlichen Prüfung wie solche gegen Art. 56 EG.[55] Zum Verhältnis der beiden Freiheiten zueinander – Exklusivität oder Parallelität – hat der

---

[47] *EuGH*, Urteil vom 11. Juli 1974, Rs. C-8/74 - Dassonville, GRUR 1974, 467.

[48] *Pießkalla*, EuZW 2007, 702.

[49] Urteil Kommission/Spanien Rn. 58-61; vgl. *Wellige*, EuZW 2003, 427 (432 f.); gegen eine Ausnahme nach den Keck-Grundsätzen auch *Pießkalla*, EuZW 2006, 725.

[50] Vgl. Urteil Kommission/Portugal Rn. 40, Urteil Kommission/Frankreich Rn. 40, Urteil Kommission/Spanien Rn. 56, Urteil Kommission/Großbritannien Rn. 43; *Verse*, GPR 2008, 31 (32); *Pießkalla*, WiRO 2007, 193 (194), *Grundmann/Möslein*, BKR 2002, 758 (761 f.), *Oechsler*, NZG 2007, 161 (162).

[51] *Colomer*, (Fn. 5), Rn. 58.

[52] *Colomer*, (Fn. 5), Rn. 59.

[53] *EuGH*, Urteil vom 5. November 2002, Rs. C-208/00 – Überseering, NZG 2002, 1164.

[54] *EuGH*, (Fn. 53), Rn. 77.

[55] *Colomer*, (Fn. 5), Rn. 60.

Gerichtshof im Rahmen der Goldenen Aktien noch keine Stellung bezogen.[56] Zumindest für den Fall von Direktinvestitionen dürfte jedoch Parallelität anzunehmen sein.[57]

III. Das EuGH-Urteil vom 23. Oktober 2007

1. Ausführung zu Art. 43 EG

Obwohl der EuGH anmerkt, dass die Kommission in ihrer Klage nicht eigens zum Verstoß gegen Art. 43 EG vorträgt, beginnt er in seinem Urteil mit Ausführungen zu dieser Grundfreiheit.[58] Der Gerichtshof gibt zu erkennen, dass nach seiner Auffassung die gerügten Vorschriften grundsätzlich auch in den Anwendungsbereich der Niederlassungsfreiheit fallen, da sie zumindest teilweise die Verhinderung einer Unternehmensübernahme intendieren.[59] Mangels substantiierten Vortrages durch die Kommission bezüglich des Verstoßes weist der EuGH die Klage, soweit sie auf Art. 43 EG gestützt ist, jedoch ab.[60]

2. Zum Verstoß gegen Art. 56 EG

Sodann wendet sich der EuGH der Frage des Verstoßes gegen Art. 56 EG zu. Dabei macht er zunächst einige Ausführungen zu seiner bereits gefestigten Rechtsprechung zu dieser Vorschrift.[61] Der Gerichtshof verweist zur Konkretisierung des Begriffes Kapitalverkehr auf die Nomenklatur im Anhang der Richtlinie 88/361 EWG und bezüglich der in diesem Rechtsstreit relevanten Direktinvestitionen auf seine Feststellungen in den bisherigen Urteilen zu Goldenen Aktien.

a) Vorliegen einer nationalen Maßnahme

Auf den Versuch der Bundesregierung, das VW-Gesetz als lediglich den Willen der damaligen Aktionäre und zivilrechtlichen Anspruchsteller wiedergebenden privatrechtlichen Vertrag zu qualifizieren um damit der Einordnung als nationale Maßnahme zu entgehen, geht der EuGH mit Recht kaum ein.[62] Vielmehr stellt er fest, dass gerade die Ausübung der Gesetzgebungskompetenz die typische Form einer nationalen Maßnahme darstelle. Auch könnten die fraglichen Bestimmungen nur durch ein Gesetz wieder geändert werden.[63]

---

[56] So bereits *Ruge*, EuZW 2002, 421 (422).

[57] *Grundmann/Möslein*, ZGR 2003, 317 (327); *Pießkalla*, WiRO 2007, 193 m. w. Nachw.; *Pießkalla*, EuZW 2007, 702 (703); *Ruge*, EuZW 2002, 421 (422); *Sedlaczek*, in: Streinz, EUV/EGV, Art. 56 EG, Rn. 12 f.

[58] *EuGH*, (Fn. 2), Rn. 10, 13 f.

[59] *EuGH*, (Fn. 2), Rn. 14.

[60] *EuGH*, (Fn. 2), Rn. 15 f.

[61] *EuGH*, (Fn. 2), Rn. 17 ff.

[62] *Kerber*, NZG 2008, 9 (10).

[63] *EuGH*, (Fn. 2), Rn. 26 ff., 45.

b) Stimmrechtsbegrenzung und Sperrminorität

Sodann beginnt der Gerichtshof mit der Prüfung der Stimmrechtsbegrenzung und Sperrminoritätssenkung und stellt insoweit ausdrücklich fest, dass diese beiden Bestimmungen aufgrund des Parteivorbringens und ihrer kumulativen Wirkungen gemeinsam zu prüfen seien.[64]

aa) Grundsätzliche Neutralität der Regelungen

Der EuGH stellt fest, dass das Höchststimmrecht zwar ein gängiges gesellschaftsrechtliches Instrument sei, in Deutschland aber nach Erlass des Gesetzes zur Kontrolle und Transparenz im Unternehmensbereich (KonTraG)[65] 1998 für Volkswagen als börsennotierte Gesellschaft ohne die Ausnahmeregelung des VW-Gesetzes nicht zulässig sei. Des Weiteren bestehe ein Unterschied zwischen „einer den Aktionären verliehenen Befugnis, von der sie Gebrauch machen können oder auch nicht, und einer den Aktionären durch Gesetz auferlegten spezifischen Verpflichtung, von der sie nicht abweichen können".[66] Der Gerichtshof stellt zur Betrachtung der Wirkungen des Höchststimmrechts sodann wieder auf die Wechselwirkung mit der abgesenkten Sperrminorität ab.[67] Diese räume jedem Aktionär, unterschiedslos ob privat oder staatlich, bei einer Beteiligung von 20% am Grundkapital eine Sperrminorität ein.[68] Sowohl Höchststimmrecht als auch Sperrminorität können sich „zugunsten oder zulasten jedes Aktionärs der Gesellschaft" auswirken.[69] Insoweit unterscheiden sich diese Regelungen des VW-Gesetzes zunächst von den bisher vom EuGH im Rahmen der Goldenen Aktien beanstandeten Vorschriften.[70] Typischerweise verleihen Goldene Aktien lediglich der öffentlichen Hand ein Exklusivrecht. Bei diesen beiden Regelungen handelt es sich grundsätzlich jedoch weder um besondere Rechte, die nur dem Staat eingeräumt werden, noch hängen sie von einer staatlichen Beteiligung an der Gesellschaft ab.[71] Es handelt sich also scheinbar um neutrale gesellschaftsrechtliche Regelungen, die allgemein für diese Gesellschaft und unterschiedslos alle ihre Aktionäre gelten.

bb) Einordnung in die Goldenen Aktien durch den historischen Kontext

Der Gerichtshof stellt sodann jedoch auf die historischen Umstände ab und konstatiert, dass sowohl die Bundesrepublik als auch das Land Niedersachsen zum Zeitpunkt des Erlasses des VW-Gesetzes 1960 mit jeweils 20% Hauptaktionäre der privatisierten Volkswagen AG waren. Aus diesem Kontext stelle die Sperrminorität ein Instrument bereit, das es der öffentlichen Hand ermögliche, mit geringeren Mitteln als gesellschaftsrechtlich üblich, wichtige Entscheidungen blockieren zu

---

[64] *EuGH*, (Fn. 2), Rn. 30; vgl. auch Pressemitteilung IP/03/410, IP/04/400 der Kommission.
[65] BGBl. I 1998, 786.
[66] *EuGH*, (Fn. 2), Rn. 38 ff.
[67] *EuGH*, (Fn. 2), Rn. 43.
[68] *EuGH*, (Fn. 2), Rn. 45 ff.
[69] *EuGH*, (Fn. 2), Rn. 42, 47.
[70] *Weiss*, EuZW 2008, 13 (14).
[71] *Verse*, GPR 2008, 31 (33).

können.[72] Durch die Beschränkung des Höchststimmrechts auf ebenfalls 20% vervollständige sich ein rechtlicher Rahmen, der der öffentlichen Hand wesentlichen Einfluss sichere und geeignet sei Anleger aus anderen Mitgliedsstaaten von Direktinvestitionen abzuhalten.[73] Der Gerichtshof ordnet die scheinbar neutralen Regelungen über ihren historischen Kontext zu Recht in die Goldenen Aktien ein.[74] Zum Zeitpunkt des Erlasses dienten diese Regelungen lediglich der Bundesrepublik und dem Land Niedersachsen. Deren bereits bestehende Beteiligung in Höhe von 20% wurde faktisch aufgewertet, indem sie ohne insoweit entsprechenden Mehrheitsbeschluss der Aktionäre eine Sperrminorität begründete und gleichzeitig kein anderer Investor ein höheres Stimmrecht erlangen konnte. Es kommt folglich nicht auf die formale Ausgestaltung dieser Sonderrechte, sondern auf den Zweck der Regelung und die damit einhergehende tatsächliche Begünstigung der öffentlichen Hand an. Dass die VW-Aktien zu den meistgehandelten Aktien in Europa zählen, stehe dieser Feststellung nicht entgegen, da es sich dabei regelmäßig um Portfolioinvestitionen und nicht um Direktinvestitionen handele. Auch das Vorbringen der Bundesrepublik, dass sich unter den VW-Aktionären eine Zahl von Direktinvestoren befinde, störe nicht, da dies die potentiell abschreckende Wirkung auf andere Direktinvestoren nicht entkräfte.[75] Der Gerichtshof stellt daher fest, dass das Zusammenspiel der beiden Vorschriften eine Beschränkung von Art. 56 Abs. 1 EG darstelle.[76]

c) Entsenderecht

Bezüglich des Entsenderechts fasst sich der Gerichtshof in seinen Ausführungen erwartungsgemäß kurz, da sich dieses Sonderrecht nahtlos in die Rechtsprechung zu den Goldenen Aktien einreiht.[77] Das gesetzlich eingeräumte Entsenderecht der öffentlichen Hand für insgesamt vier Vertreter in den Aufsichtsrat weiche vom allgemeinen deutschen Aktienrecht ab, welches im Falle von Volkswagen ein Entsenderecht für maximal drei Vertreter zulasse, und stelle somit eine „nationale gesetzliche Maßnahme allein zugunsten öffentlicher Akteure" dar.[78] Dass die Bundesrepublik schon lange keine Volkswagen-Aktien mehr besitzt und das Entsenderecht daher nicht ausübt, schade genauso wenig wie die Tatsache, dass das Entsenderecht für zwei Aufsichtsratmitglieder der Beteiligung des Landes Niedersachsen entspricht. Es reiche hierbei nach Ansicht des Gerichtshofes der Fortbestand dieser Regelung in der deutschen Rechtsordnung.[79] Da der Bundesrepublik das

---

[72] *EuGH*, (Fn. 2), Rn. 48 ff.
[73] *EuGH*, (Fn. 2), Rn. 51 f.
[74] Vgl. *Verse*, GPR 2008, 33; *Weiss*, EuZW 2008, 13 (14).
[75] *EuGH*, (Fn. 2), Rn. 53 ff.
[76] *EuGH*, (Fn. 2), Rn. 56.
[77] So bereits *Lanfermann/Maul*, BB 2004, 1517 (1519); *Wellige*, EuZW 2003, 427 (429); vgl. auch *Verse*, GPR 2008, 31 (32); *Weiss*, EWS 2008, 13.
[78] *EuGH*, (Fn. 2), Rn. 59 ff.
[79] *EuGH*, (Fn. 2), Rn. 62 f., 69.

Entsenderecht bereits bei Erwerb einer einzigen Aktie zustände, ist diese Folgerung konsequent.[80] Auch wenn der Aufsichtsrat in Deutschland kein Entscheidungsorgan sei, kämen ihm doch bedeutende Kompetenzen zu, sodass das Entsenderecht bewirke, dass der Einfluss anderer Aktionäre hinter ihrer Investition zurückbleiben könne.[81] Dem Aufsichtsrat steht insbesondere das Recht zur Bestellung des Vorstandes gemäß § 76 Abs. 1, § 84 Abs. 1 S. 1 AktG zu, weshalb dieser Einschätzung des EuGH uneingeschränkt zuzustimmen ist.[82] Mit der Privilegierung der Entsendung geht auch eine Einschränkung der relativen Entscheidungsmacht und folglich der Einflussmöglichkeit neu hinzugekommener Aktionäre einher, da sich diese nicht an der Wahl sämtlicher Aufsichtsratsmitglieder beteiligen können.[83] Damit stelle auch das Entsenderecht eine Beschränkung des Art. 56 Abs. 1 EG dar.[84]

d) Rechtfertigung

Die Bundesrepublik hat hilfsweise eine Rechtfertigung aus zwingenden Gründen des Allgemeininteresses angeführt. Das Gesetz habe ein „austariertes Machtgleichgewicht" in der Gesellschaft schaffen sollen um die Interessen der Arbeitnehmer und Minderheitsaktionäre zu schützen.[85]

Bezüglich des Arbeitnehmerschutzes stellt der EuGH fest, dass es schon an Ausführungen zu Geeignetheit und Erforderlichkeit der Regelungen des VW-Gesetzes fehle und die Arbeitnehmer im paritätischen Aufsichtsrat der Volkswagen AG selbst vertreten seien.[86] Auch zum vorgeblichen Schutz der Minderheitsaktionäre und dem Erhalt von Arbeitsplätzen fehlt es den Richtern an einer Darlegung der Geeignetheit und Erforderlichkeit des Erhaltens der Sonderstellung der öffentlichen Hand in einem privaten Unternehmen.[87]

e) Tenor

Aufgrund der mangelnden Ausführungen zu möglichen Rechtfertigungen stellt der EuGH die genannten Beschränkungen als Verstoß fest. Dazu heißt es in der Urteilsformel, dass § 4 Abs. 1 sowie § 2 Abs. 1 in Verbindung mit § 4 Abs. 3 VW Gesetz diesen Verstoß ausmachen.[88] Das Entsenderecht stellt somit eigenständig einen Verstoß dar, die Stimmrechtsbeschränkung und die Sperrminorität gemäß diesem Wortlaut lediglich in Verbindung miteinander.

---

[80] Vgl. *Weiss*, EuZW 2008, 13 (16); anders aber *Kilian*, NJW 2007, 1508 (1509) mit dem Argument, das Entsenderecht der Bundesrepublik bestünde mangels Aktienbesitzes nicht mehr.
[81] *EuGH*, (Fn. 2), Rn. 64 ff.
[82] *Seeling/Zwickel*, BB 2008, 622 (623).
[83] *Möslein*, AG 2007, 770 (772); *Seeling/Zwickel*, BB 2008, 622 (623).
[84] *EuGH*, (Fn. 2), Rn. 68.
[85] *EuGH*, (Fn. 2), Rn. 70.
[86] Vgl. dazu auch *Weiss*, EuZW 2008, 13 (17).
[87] *EuGH*, (Fn. 2), Rn.74 ff.
[88] *EuGH*, (Fn. 2), Rn. 83.

IV. Kritische Betrachtung der Verfahrensstrategie der Bundesregierung

Das Vorgehen der Bundesrepublik im Fall VW-Gesetz hat einige Kritik hervorgerufen. Unverständlich bleibt zunächst, warum die Bundesregierung das Kompromissangebot der Kommission vor Verfahrensbeginn auf Streichung des Entsenderechts zugunsten des Bundes nicht angenommen hat. Die Bundesrepublik hat ihren verbliebenen Aktienanteil an der Volkswagen AG in Höhe von 16% bereits 1988 verkauft und übt das Entsenderecht seither mangels Aktienbesitzes nicht mehr aus. Dem Konflikt hätte damit zumindest einiges an Brisanz genommen werden können.[89] Die Behauptung, das VW-Gesetz stelle keine staatliche Maßnahme dar, lässt sich nicht ernsthaft vertreten.[90] Mit entsprechend kurzer Begründung weist der EuGH diesen Einwand ab. Aber besonders die zentrale Entscheidung, sich hauptsächlich auf die Argumentation zu stützen, dass schon kein Verstoß beziehungsweise keine Beschränkung vorliege, ist vor dem Hintergrund der Rechtssprechungslinie des EuGH schlechterdings unverständlich.[91] Hier wäre eine ausführliche Stellungnahme zu Rechtfertigungsgründen angebracht gewesen.[92] Denn nicht diskriminierende Beschränkungen der Kapitalverkehrsfreiheit können ausnahmsweise zulässig sein, wenn sie zur Verwirklichung des verfolgten Ziels geeignet, erforderlich und verhältnismäßig sind.[93] Im EG-Vertrag explizit genannte Rechtfertigungsgründe gemäß § 58 EG sind für die Regelungen des VW-Gesetzes nicht einschlägig. Darüber hinaus erkennt der EuGH aber auch zwingende Gründe des allgemeinen Interesses als Rechtfertigungsgründe an.[94] Neben der sozialpolitischen und strukturellen Bedeutung käme die besondere Zweckgebundenheit der Kapitalbeteiligung des Landes Niedersachsen, namentlich der Förderung von Wissenschaft und Forschung als zwingender Grund des Allgemeininteresses in Betracht.[95] Die Wissenschaftsförderung war bisher noch nicht Prüfungsgegenstand einer Rechtfertigung und hätte daher eine Möglichkeit zu umfassender Darlegung geboten. Die Beteiligung des Landes Niedersachsen in Höhe von 20,05%[96] an den stimmberechtigten Stammaktien stellt gerade nicht eine rein wirtschaftliche Zielsetzung eines herkömmlichen Aktionärs dar.[97] Sämtliche Gewinne aus dem Aktienbesitz des Landes stehen der VolkswagenStiftung zu. Aus diesen Mitteln erhält das Land Niedersachsen jährlich das sogenannte

---

[89] So *Kilian*, NJW 2007, 3469 (3470), der es für möglich erachtet, dass es durch einen derartigen Kompromiss gar nicht zu einem Verfahren vor dem EuGH gekommen wäre.

[90] Kritisch zu dieser Behauptung auch *Verse*, GPR 2008, 31 (32).

[91] *Kilian*, NJW 2007, 3469 (3470).

[92] *Bayer*, BB 2004, 1 (3); *Kilian*, NJW 2007, 1508 (1510); vgl. auch *Weiss*, EWS 2008, 13 (17), der die Frage gemeinschaftsrechtlicher Zulässigkeit staatlicher Schutzinstrumente hauptsächlich auf der Rechtfertigungsebene einordnet.

[93] *Bayer*, BB 2002, 2289, *Teichmann/Heise*, BB 2002, 2577 (2579).

[94] *EuGH*, (Fn. 2), Rn. 72; vgl. Mitteilung der Europäischen Kommission, C 2005/4080, S. 8.

[95] Für die Wissenschaftsförderung *Kilian*, NJW 2002, 3599 (3600 f.), *Kilian*, NJW 2007, 1508 (1510); dagegen *Oechsler*, NZG 2007, 161 (165); zu strukturpolitischen Zielen mit Bezug auf das Konle Urteil des EuGH ausführlich *Voigt*, EWS 2006, 343.

[96] Beteiligung des Landes Niedersachsen über Hannoversche Beteiligungsgesellschaft mbh laut Angabe des niedersächsischen Finanzministeriums, www.mf.niedersachsen.de unter Themen/Beteiligungen/Volkswagen AG, Stand: 25.9.2008.

[97] *Kilian*, NJW 2007, 1508 (1511).

niedersächsische Vorab zur Förderung von Wissenschaft und Forschung.[98] Bei Aufhebung der 20% Sperrminorität könnte das Land Niedersachsen allein nicht den Abschluss eines Gewinnabführungsvertrages verhindern.[99] Ohne die Gelder der VolkswagenStiftung drohen aber massive Einschnitte im Forschungs- und Bildungswesen. Auch eine Argumentation mit der ursprünglichen Natur der Volkswagen-Aktie als „Volksaktie" zur breiten Streuung der Eigentumsverhältnisse hätte vorgebracht werden können.[100]

Die Haltung des EuGH, einen Eingriff relativ schnell zu bejahen, war hinreichend bekannt. Alle wegen Goldener Aktien von der Kommission geführten Klagen endeten bisher in der Feststellung einer beschränkenden Wirkung durch die bemängelten staatlichen Sonderrechte. Lediglich die Klage gegen Belgien verlor die Kommission; und zwar aufgrund einer schlüssigen Rechtfertigung unter Beachtung der Kriterien der Erforderlichkeit, Angemessenheit und Verhältnismäßigkeit der staatlich eingeräumten Sonderrechte.[101] Ob die Bundesrepublik die Klage durch eine ausgefeilte Rechtfertigung hätte gewinnen können, lässt sich im Nachhinein nicht beurteilen.[102] Jedoch hätte es die Chancen auf einen positiven Ausgang zumindest erhöht. Demgegenüber ist die mangelnde Berufung auf die mitgliedsstaatliche Eigentumsordnung aus Art. 295 EG nicht zu beanstanden. Der Gerichtshof hatte bereits deutlich Stellung gegen das Plädoyer seines Generalanwalts zu der Bedeutung des Art. 295 EG im Rahmen der EuGH-Rechtsprechung zu Goldenen Aktien bezogen.[103]

---

[98] Je nach Dividendenausschüttung der Volkswagen AG betrug das Niedersächsische Vorab in den letzten Jahren zwischen EUR 5,5 und 46 Millionen und erreichte Ende 2005 die Gesamthöhe von einer Milliarde Euro Förderungsmittel seit Einräumung.

[99] *Kilian*, NJW 2007, 3469 (3470).

[100] *Dauner-Lieb/Lamandini*, BB 2003, 265 (267); *Ruge*, EuZW 2002, 421 (424); gegen diese Möglichkeit *Oechsler*, NZG 2007, 161 (165).

[101] *Bayer*, BB 2004, 1 (3).

[102] Ablehnend *Verse*, GPR 2008, 31 (34).

[103] Zur ausführlichen Abhandlung der Bedeutung des Art. 295 EG nach Ansicht des Generalanwalts siehe nur die *Colomer*, Verbundenen Schlussanträge vom 3. Juli 2001 Rn. 39-56, 65-67, 69-72, 78-79, 88-90. Zur Position des EuGH ausführlich *Bayer*, BB 2002, 2289 (2290), *Bayer*, BB 2004, 1 (3); *Grundmann/Möslein*, ZGR 2002, 317; *Kerber*, NZG 2008, 9 (12); *Kilian*, NJW 2002, 3599 (3600), *Ruge*, EuZW 2002, 421, 423.

D. Die Folgen des Urteils für das VW-Gesetz

Gemäß § 226 EG hat ein Urteil des EuGH bezüglich eines durch die Kommission angestrengten Vertragsverletzungsverfahrens lediglich feststellende und nicht gestaltende Wirkung.[104] Das VW-Gesetz ist also aus formaler Sicht weiterhin gültig.[105] Aufgrund der Feststellung des Verstoßes der bemängelten Regelungen des VW-Gesetzes gegen den EG-Vertrag ergibt sich für die Bundesrepublik Deutschland aus Art. 228 Abs. 1 EG jedoch die Verpflichtung, diejenigen Maßnahmen zu ergreifen, die sich aus dem Urteil ergeben. Art. 56 EG schützt den grenzüberschreitenden Kapitalverkehr. Beschränkungen, die lediglich den nationalen Kapitalverkehr betreffen, werden vom Anwendungsbereich nicht erfasst. Die Regelungen des VW-Gesetzes könnten somit für den nationalen Kapitalverkehr weiterhin angewandt werden und lediglich für den grenzüberschreitenden Kapitalverkehr angepasst werden. Dies liefe jedoch völlig konträr zum eigentlichen Regelungszweck, der ja gerade nicht auf nationale Investitionen, sondern auf Investitionen von ausländischen Investoren gerichtet ist. Bei Aktionären einer international tätigen Gesellschaft ist es darüber hinaus schwierig, jeweils einzeln die Nationalität festzustellen. Dann unterläge aber jeder Hauptversammlungsbeschluss, der auf Grundlage der Geltung der europarechtswidrigen Vorschriften zustande gekommen ist und ausländische Aktionäre betrifft, eines enormen Anfechtungsrisikos.[106] Die Bundesregierung sollte die vertragswidrigen Regelungen folglich einheitlich europarechtskonform ausgestalten oder abschaffen. Solange keine Abhilfe geschaffen ist, gilt der allgemeine Anwendungsvorrang des Gemeinschaftsrechts.[107]

I. Änderung des VW-Gesetzes und Aufhebung des § 101 Abs. 2 S. 5 AktG

1. Keine Verpflichtung zur Abschaffung des VW-Gesetzes

Der Urteilstenor stellt einen Vertragsverstoß der Bundesrepublik Deutschland durch das Beibehalten von § 4 Abs. 1 und § 2 Abs. 1 in Verbindung mit § 4 Abs. 3 VW-Gesetz fest. Somit ergibt sich eine Angleichungsverpflichtung in Bezug auf genau diese Vorschriften. Darüber hinaus besteht keine generelle Rechtswidrigkeit des VW-Gesetzes. Folglich ergibt sich aus dem Urteil nicht etwa – wie in letzter Zeit vielfach in der Presse zu vernehmen war – eine Verpflichtung zur Abschaffung des VW-Gesetzes.[108] Inwiefern eine Aufhebung des Gesetzes dennoch die adäquate Maßnahme darstellt, ist eine ganz andere Frage und wird an späterer Stelle noch zu untersuchen sein.

---

[104] Vgl. *Ehricke*, in: Streinz, EUV/EGV, 2003, Art. 226 Rn. 5 und Art. 228 Rn. 1.
[105] *Teichmann/Heise*, BB 2007, 2577 (2578).
[106] *Teichmann/Heise*, BB 2007, 2577 (2578).
[107] *Teichmann/Heise*, BB 2007, 2577 (2578); *Verse*, GPR 2008, 31 (36) m. w. Nachw.
[108] *Zypries*, Rede im Deutschen Bundestag am 16. Oktober 2008.

2. Aufhebung des Entsenderechts

Das Entsenderecht der Bundesregierung und des Landes Niedersachsen aus § 4 Abs. 1 VW-Gesetz für insgesamt vier Vertreter stellt eine Ausnahme im allgemeinen deutschen Aktienrecht dar. Der paritätische Aufsichtsrat der Volkswagen AG besteht formal aus zehn Arbeitnehmervertretern und zehn Aktionärsvertretern. Gemäß der Beschränkung des Entsenderechtes auf ein Drittel der Aktionärsvertreter aus § 101 Abs. 2 S. 4 AktG ist grundsätzlich maximal ein Entsenderecht für drei Aufsichtsratsmitglieder zulässig. Möglich wäre die Aufhebung des Entsenderechts der Bundesregierung, die dieses Recht überdies seit langem nicht mehr wahrnimmt. Das Entsenderecht des Landes Niedersachsen könnte dann grundsätzlich erhalten bleiben. Es ist jedoch zu beachten, dass das Entsenderecht nicht durch den Willen der Aktionäre zu Stande gekommen, sondern vom Gesetzgeber angeordnet worden ist. Gerade diese gesetzliche Anordnung stellt aber eine ungerechtfertigte nationale Maßnahme zugunsten der öffentlichen Hand und daher zwingend einen Verstoß dar, sodass § 4 Abs. 1 VW-Gesetz vollständig aufzuheben ist.[109] Mit Aufhebung dieser Vorschrift ist auch § 101 Abs. 2 S. 5 AktG abzuschaffen.[110] Diese Sondervorschrift regelt einzelfallbezogen, dass § 4 Abs. 1 VW-Gesetz von der grundsätzlichen Beschränkung der Höhe des Entsenderechts auf ein Drittel der Aufsichtsratsmitglieder der Aktionäre unberührt bleibt und wird somit gegenstandslos.

3. Beendigung des Zusammenspiels von § 2 Abs. 1 und § 4 Abs. 3 VW-Gesetz

Bezüglich § 2 Abs. 1 und § 4 Abs. 3 VW-Gesetz heißt es in der Urteilsformel, dass deren Zusammenspiel einen Verstoß darstelle. Es ist daher zu überlegen, welche Verpflichtung sich genau aus dieser Formulierung ergibt. Streng am Wortlaut orientiert ergibt sich, dass nicht beide Vorschriften an sich einen Verstoß darstellen, sondern dieser sich erst durch die Interaktion beider Vorschriften ergibt. Das Gericht hat die Pflicht, den Urteilstenor so zu formulieren, dass er aus sich heraus verständlich ist, damit der betroffene Mitgliedsstaat geeignete Maßnahmen zur Abhilfe des Verstoßes treffen kann. Auf den ersten Blick erscheint die Formulierung daher missglückt. Schließlich ergibt sich keine eindeutige Verpflichtung. Neben der Aufhebung beider Vorschriften würde sowohl die Abschaffung der einen, als auch der anderen Vorschrift das Zusammenspiel beenden und somit zur Beseitigung des Verstoßes genügen.[111] Welche der beiden Vorschriften aufzuheben ist, lässt sich aus der Formulierung nicht entnehmen. Folglich ist die Bundesregierung in dieser Entscheidung grundsätzlich frei. Über die Feststellung eines Vertragsverstoßes hinaus ist

---

[109] Ausführlich hierzu *Verse*, GPR 2008, 31 (32 f.).
[110] *Kilian*, NJW, 2007, 3469 (3471).
[111] *Heintschel von Heinegg/Pechstein*, Gutachten, S. 3.

der EuGH auch gar nicht befugt, in verbindlicher Form im Urteilstenor dem beklagten Mitgliedsstaat vorzuschreiben, wie er die beanstandete Maßnahme beseitigen soll.[112]

Betrachtet man jedoch die Argumentation sowie die Rechtsprechung zu den Goldenen Aktien näher, so lässt dies den Schluss zu, dass grundsätzlich auch jede der beiden Vorschriften für sich genommen als Verstoß erachtet werden könnte, da es sich um staatliche Maßnahmen handelt, die unter Beachtung der Umstände zur Zeit ihres Erlasses auf eine Privilegierung der öffentlichen Hand gerichtet waren und sich diese Privilegierung de facto bis heute auswirkt.[113] Dass Stimmrechtsbeschränkungen und die Festlegung qualifizierter Beschlussfassungsmehrheiten im Allgemeinen zulässige und gängige gesellschaftsrechtliche Instrumente sind, steht außer Frage.[114] Die Sache liegt jedoch anders, wenn diese Regelungen bei privaten Unternehmen durch staatliche Maßnahmen zugunsten der öffentlichen Hand erfolgen. Vor dem Hintergrund der Europarechtskonformität und losgelöst von der knappen Urteilsformel sollten demzufolge beide Vorschriften abgeschafft werden.[115] Generalanwalt Colomer hat in seinen Schlussanträgen vom 13. Februar 2007 zwar beide Vorschriften einer gemeinsamen Prüfung unterzogen, kommt jedoch zu dem Schluss, dass beide Vorschriften gegen den freien Kapitalverkehr im Sinne von Art. 56 Abs. 1 EG verstoßen. Anders als der Gerichtshof stellt er dabei nicht explizit auf das Zusammenspiel ab.[116] Wenn aber tatsächlich alle drei Vorschriften abgeschafft würden, läge der Schritt zu einer vollständigen Abschaffung des VW-Gesetzes nicht fern. Neben den streitgegenständlichen Vorschriften bestehen abgesehen von dem Zustimmungserfordernis des Aufsichtsrates mit zwei Drittel Mehrheit für die Errichtung und Verlegung von Produktionsstätten im VW-Gesetz keine weiteren Regelungen mehr, die ein besonderes Interesse an der Regelung durch ein Gesetz legitimieren würden. Ob allein die besondere Mitbestimmung der Arbeitnehmer aus dem nicht von der Kommission beanstandeten § 4 Abs. 2 VW-Gesetz ausreicht, ein Gesetz für ein einzelnes Unternehmen zu rechtfertigen, ist eine brisante Frage, die insbesondere in der Politik und den Gewerkschaften hitzig diskutiert wird. Losgelöst von Globalisierungsängsten und Melancholie für die Geschichte von Volkswagen wird eine solche Mitbestimmung vielfach als – wenngleich sozialpolitisch nachvollziehbar –wirtschaftlich nicht mehr zeitgemäß erachtet.[117] Da es dann keinen Grund für das VW-Gesetz mehr gäbe, wäre die vollständige Abschaffung in diesem Fall die konsequente Maßnahme.

---

[112] *Gaitanides*, in: von der Groeben/Schwarze, Art. 228 EG, Rn. 4 f.

[113] *Verse*, GPR 2008, 31 (32 f.).

[114] *Kilian*, NJW, 2007, 3469 (3470).

[115] *Verse*, GPR 2008, 31 (33); zu diesem Schluss kommen auch die Gutachter des von Porsche bei der Anwaltssozietät Freshfields Bruckhaus Deringer LLP in Auftrag gegebenen Gutachtens (vgl. *Heintschel von Heinegg/Pechstein*, Gutachten, S. 7).

[116] *Colomer*, (Fn. 5), Rn. 92.

[117] Zur generellen Kritik an der Mitbestimmung im Aufsichtsrat mit weiteren Nachweisen, jedoch im Ergebnis mit anderer Ansicht Hans Böckler Stiftung „Zur aktuellen Kritik der Mitbestimmung" unter http://www.boecklerboxen.de/1713.htm, insbes. Kritikpunkt 1.

Dem ist jedoch entgegenzuhalten, dass der EuGH sehr wohl die Möglichkeit hatte, die drei Vorschriften einzeln zu prüfen und selbige in der Urteilsformel auch jeweils einzeln als Verstoß zu qualifizieren. In der Darstellung des Klagevorbringens der Kommission stellt der EuGH zunächst auch tatsächlich noch einzeln auf die drei Bestimmungen ab („…, dass die fraglichen Bestimmungen des VW-Gesetzes dadurch, dass sie erstens …, dass sie zweitens …, und dass sie drittens ….").[118] Gestützt auf das Parteivorbringen und die kumulativen Wirkungen des Höchststimmrechts und der Sperrminorität hält der Gerichtshof sodann aber die gemeinsame Prüfung der beiden Vorschriften für geboten.[119] Von besonderer Bedeutung ist hier die Erwähnung des Parteivorbringens. Während dies aus der Veröffentlichung der wesentlichen Klagegründe nicht genau hervorgeht, bestätigen sowohl das Mahnschreiben vom 19. März 2003 als auch die mit Gründen versehene Stellungnahme der Kommission vom 30. März 2004 die Berufung der Kommission auf das Höchststimmrecht in Verbindung mit der Sperrminorität. Das Vorverfahren und das folgende gerichtliche Verfahren müssen denselben Streitgegenstand haben. Die Formulierung eines Verstoßes durch diese beiden Regelungen in Verbindung miteinander grenzt den Streitgegenstand daher schon im Mahnschreiben, spätestens jedoch in der mit Gründen versehenen Stellungnahme ein.[120] Der Gerichtshof ist diesem Klagevorbringen konsequent gefolgt und hat nur beanstandet, was die Kommission vorgebracht hat. Darüber hinaus hat er deutlich anklingen lassen, dass das Höchststimmrecht bei Volkswagen vom deutschen Aktienrecht abweiche und es sich um eine durch Gesetz auferlegte Verpflichtung handele.[121] Auch die Sperrminorität stelle eine nationale Maßnahme dar. Aus dem historischen Kontext ergebe sich für beide die begünstigende Wirkung für die öffentliche Hand.[122] Bezüglich dieser Wirkung und der sich daraus ergebenden Beschränkung der Beteiligungsmöglichkeiten an Kontrolle und Verwaltung der Gesellschaft zulasten der übrigen Aktionäre stellt der Gerichtshof jedoch wieder auf die „Wechselwirkung"[123], die Vervollständigung eines „rechtlichen Rahmens"[124] sowie das „Zusammenspiel"[125] beider Vorschriften ab. Dadurch folgt der Gerichtshof sachgemäß dem Gebot, in seinem Urteil nicht über den Klageantrag hinauszugehen.

Nach alledem genügt es dem Urteil neben der Abschaffung des § 4 Abs. 1 wahlweise den § 2 Abs. 1 oder § 4 Abs. 3 VW-Gesetz abzuschaffen.

---

[118] *EuGH*, (Fn. 2), Rn. 9.

[119] *EuGH*, (Fn. 2), Rn. 30.

[120] *Cremer*, in: Calliess/Ruffert, EUV/EGV, Art. 226 Rn. 9, 16 f.; *Ehricke*, in: Streinz, EUV/EGV Art. 226, Rn. 20, 23; *Gaitanides*, in: von der Groeben/Schwarze, Art. 226 EG, Rn. 22; *P. Karpenstein/U. Karpenstein*, in: *Grabitz/Hilf*, Art. 226, Rn. 52.

[121] *EuGH*, (Fn. 2), Rn. 40 f.

[122] *EuGH*, (Fn. 2), Rn. 50 f.

[123] *EuGH*, (Fn. 2), Rn 43.

[124] *EuGH*, (Fn. 2), Rn. 51.

[125] *EuGH*, (Fn. 2), Rn. 56.

II. Der Gesetzentwurf der Bundesregierung

Nachdem die Kommission bereits am 5. Juni 2008 mit einem offiziellen Anforderungsschreiben ein Vertragsverletzungsverfahren gemäß § 228 Abs. 2 EG wegen mangelnder Umsetzung des Urteils eingeleitet hatte,[126] hat die Bundesregierung am 8. August 2008 einen Gesetzentwurf zur Änderung des VW-Gesetzes vorgelegt.[127] Nach diesem Gesetzentwurf sollen §§ 2, 4 Abs. 1 VW-Gesetz sowie § 101 Abs. 2 S. 5 AktG abgeschafft werden. § 4 Abs. 3 VW-Gesetz hingegen soll erhalten bleiben. Der Gesetzentwurf der Bundesregierung hat den ersten Durchgang im Bundesrat ohne Beanstandung durchlaufen und ist am 13. November 2008 vom Bundestag verabschiedet worden.[128] Es ist zu erwarten, dass der Neuentwurf des VW-Gesetzes nach einem abschließenden zweiten Durchgang im Bundesrat noch im Jahr 2008 in der geplanten Form in Kraft treten wird.

III. Stellungnahme zum Gesetzentwurf

1. Vereinbarkeit mit dem Urteil

Nach Aussage der Bundesregierung setzt der Gesetzentwurf das Urteil eins zu eins um.[129] In der Begründung des Gesetzentwurfs heißt es, durch die Aufhebung von § 2 VW-Gesetz sei das Zusammenspiel mit § 4 Abs. 3 VW-Gesetz beendet.[130] Die Kommission hingegen hat bereits verlauten lassen, dass sie erneut gegen die Bundesrepublik klagen werde, wenn es beim jetzigen Stand des Entwurfes bleibe und nicht auch die Sperrminorität gestrichen werde.[131]

Auf die verschiedenen Interpretationen des Urteils wurde bereits oben näher eingegangen. Tatsächlich stellt die Herabsetzung der Sperrminorität per Gesetz unter Beachtung des Umstands, dass diese Höhe exakt dem Anteilsbesitz der Hoheitsträger zum Erlasszeitpunkt entsprach, einen staatlich eingeräumten Sondervorteil dar. Diese Bestimmung ist sogar zur staatlichen Einflussnahme auf die Gesellschaft wesentlich besser geeignet als etwaige Stimmrechtsbeschränkungen oder Entsenderechte, da sie in dieser Ausgestaltung bei gleich bleibendem Anteilsbesitz des Landes Niedersachsen de facto ein absolutes Vetorecht für die öffentliche Hand darstellt. Somit bleibt die wohl schärfste Vorschrift des VW-Gesetzes zunächst bestehen. Zur Anpassung an europäisches Recht wäre nach Ansicht der Kommission auch diese Vorschrift aufzuheben. Da die Sperrminorität aber lediglich im Zusammenspiel mit dem

---

[126] Vgl. Pressemitteilung IP 08/873 der Europäischen Kommission vom 05. Juni 2008.
[127] Entwurf eines Gesetzes zur Änderung des Gesetzes zur Überführung der Anteilsrechte der Volkswagenwerk Gesellschaft mit Beschränkter Haftung in private Hand, BT-Drs. 16/10389, vgl. auch BR-Drs. 552/08.
[128] Pressemitteilung „Bundesrat unterstützt geplantes VW-Gesetz" des Bundesrates vom 19. September 2008. Zur Beratung im Bundestag siehe 183. Sitzung vom 16. Oktober 2008, TOP 12.; 187. Sitzung vom 13. November 2008, TOP 29.; Beschlussempfehlung und Bericht des Rechtsausschusses vom 12. November 2008, BT-Drs. 16/10896
[129] *Zypries*, Rede im Bundesrat am 19. September 2008.
[130] Vgl. Begründung des Gesetzesentwurfes, BR-Drs. 552/08.
[131] „Bundestag auf Konfrontationskurs zur EU", Artikel auf www.faz.net vom 14. November 2008.

Höchststimmrecht als Verstoß gewertet wurde, genügt es dem Urteil, wenn lediglich das Höchststimmrecht abgeschafft wird.

2. Unvereinbarkeit der Rechtsprechung zu Goldenen Aktien

Bei genauer Betrachtung des Urteils und der ständigen Rechtsprechung des EuGH zu Goldenen Aktien ergibt sich ein auf den ersten Blick widersprüchlich erscheinendes Ergebnis. Danach trifft die Ansicht der Bundesregierung, soweit es das Urteil betrifft, zu. Auch wenn die staatlich angeordnete Sperrminorität unter Beachtung der historischen Umstände weiterhin einen Fremdkörper im europäischen Recht darstellt, kommt die Bundesregierung ihren Verpflichtungen aus dem Urteil vollständig nach.

Vom Urteil losgelöst dürfte aber auch die Ansicht der Kommission zutreffen. Wie bereits dargelegt ist der EuGH lediglich dem Vorbringen der Kommission nachgekommen, ohne darüber hinaus zu gehen. Dies hindert den Gerichtshof jedoch nicht daran, in einem neuerlichen Verfahren die Sperrminorität zu verwerfen, wenn diese von der Kommission als eigenständiger Verstoß angeführt wird. Nach der bisherigen Rechtsprechung zu Goldenen Aktien dürfte in einem solchen Verfahren ein endgültiges Verwerfen dieser Vorschrift durch den EuGH zu erwarten sein.[132]

3. Zum aktuellen Streitstand

Aus dieser zweigleisigen Konstellation ergeben sich wichtige Konsequenzen für die Bundesrepublik. Das Vertragsverletzungsverfahren wegen mangelnder Umsetzung des Urteils nach § 228 Abs. 2 EG wurde schon vor der Vorlage des Gesetzentwurfs eingeleitet. Es bezieht sich zunächst auf die Untätigkeit der Bundesregierung. Insoweit hat die Kommission nun erst einmal zu prüfen, inwiefern die Bundesregierung durch den Gesetzentwurf das Urteil umgesetzt hat. Aus dem offiziellen Anforderungsschreiben ergibt sich jedoch die Haltung der Kommission, dass alle drei Vorschriften abzuschaffen seien. Mit einer Fortführung dieses Verfahrens und der Einleitung einer Klage wegen mangelnder Umsetzung nach § 228 Abs. 2 EG dürfte die Kommission jedoch keinen Erfolg haben, da Deutschland seinen Verpflichtungen aus dem Urteil – wie dargelegt – nachgekommen ist. Damit ist auch die von der Kommission angedrohte Geldstrafe, die der Gerichtshof bei mangelnder Umsetzung verhängen könnte, gegenstandslos. Eine mit Gründen versehene Stellungnahme der Kommission war für den 16. Oktober 2008 angekündigt.[133] Auch knapp einen Monat später ist diese noch nicht ergangen. Daraus sollte jedoch nicht vorschnell gefolgert werden, dass die Kommission in der Sache nachgibt. Wahrscheinlicher ist, dass die Kommission lediglich das Inkrafttreten des neuen VW-Gesetzes abwartet. EU-Binnenmarktkommissar McCreevy hat das Einleiten der zweiten Stufe des laufenden

---

[132] So auch *Verse*, GPR 2008, 31 (33). Für eine kapitalverkehrsbeschränkende Wirkung der Sperrminorität allein auch *Pießkalla*, EuZW 2007, 702.

[133] *Zypries*, Rede im Deutschen Bundestag am 16.10.2008.

Vertragsverletzungsverfahrens noch für das Jahr 2008 angekündigt.[134] Möglich wäre indes auch eine Vorbereitung eines erneuten Verfahrens nach § 226 EG wegen Verstoßes der Sperrminorität gegen Art. 43 und Art. 56 EG. Allein ein solches kann dazu führen, dass die Sperrminorität doch noch explizit durch den EuGH verworfen wird.

Wie durch den Gesetzentwurf ersichtlich ist, wird sich die Bundesregierung an die letzte Möglichkeit zum Erhalt des VW-Gesetzes klammern. In Hinblick auf die immense Bedeutung Volkswagens für das Land Niedersachsen ist dies verständlich. Nach den bisherigen Presseäußerungen der Kommission erscheint die Aussicht darauf, dass die Kommission in der Angelegenheit nachgibt und kein erneutes Verfahren wegen der Sperrminorität einleitet, aber eher gering. Möglich wäre auch, dass die Bundesregierung auf Zeit spielt und versucht über das Land weitere VW-Anteile zu erwerben um den staatlichen Einfluss auch ohne das VW-Gesetz zu sichern. Dazu wäre ein Zukauf von knapp 5% der stimmberechtigten Aktien nötig. Beim gegenwärtigen Börsenkurs der Volkswagen-Aktie ist eine solche milliardenschwere Investition aber nur schwer vorstellbar. Das Land Niedersachsen hat erst im Juni 2008 für rund 90 Millionen Euro 500.000 Aktien erworben, um ein Absinken der Beteiligung des Landes auf unter 20% zu verhindern. Grund war die Ausgabe rund 3 Millionen sogenannter Mitarbeiteroptionen. Weitere Käufe seien aber laut Niedersachsens Finanzministerium nicht geplant.[135] Eine eventuelle Verpflichtung der Bundesregierung aus dem Staatsvertrag zum Kauf weiterer Aktien der Volkswagen AG zwecks Sicherung der Stellung der öffentlichen Hand in der Gesellschaft hat die Bundesregierung bereits mit Recht abgelehnt.[136]

Aus rein juristischer Sicht ist von einem Festhalten an der Sperrminorität eher abzuraten. Bei einer erneuten Klage nach § 226 EG auf Feststellung eines Verstoßes von § 4 Abs. 3 VW-Gesetz gegen Art. 43 und Art. 56 EG durch die Kommission dürften kaum Erfolgsaussichten für den Erhalt dieser Vorschrift bestehen.[137] Hier handelt es sich aber um eine Entscheidung, die zu einem großen Teil auch im politischen Bereich angesiedelt ist, sodass eine abschließende Empfehlung im Rahmen dieser Abhandlung nicht angebracht ist.

---

[134] „Klage gegen VW-Gesetz rückt näher", Artikel auf www.handelsblatt.com vom 12. November 2008.
[135] „Niedersachsen und Porsche kaufen Millionen VW-Aktien", Artikel auf www.ndr.de vom 18. Juni 2008.
[136] BT-Drs. 16/9923.
[137] *Verse*, GPR 2008, 31 (36).

E. Ausblick: Weitere Folgen des Urteils

Neben den Folgen für das VW-Gesetz selbst wirkt sich das Urteil auch auf die teilweise inhaltsgleiche Satzung der Volkswagen AG aus.[138] Darüber hinaus liefert es Anhaltspunkte für die künftige Rechtsprechung im Bereich privatautonomer Gestaltungen und vertieft die Diskussion um eine etwaige Prüfung des gesamten Gesellschafts- und Kapitalmarktrechts auf Europarechtskonformität. Letztlich ergeben sich aus dem Urteil und den daraus resultierenden Verpflichtungen vor dem Hintergrund einer sich abzeichnenden Übernahme durch die Porsche Automobil Holding SE weitreichende wirtschaftliche Folgen für die Zukunft der Volkswagen AG. Auf diese mittelbaren Folgen des Urteils soll nun abschließend eingegangen werden.

I. Anpassung der VW-Satzung

Das VW-Gesetz ist seit der Umwandlung der ehemaligen GmbH in eine AG in der Satzung des Unternehmens inkorporiert. Soweit gegenwärtige Satzungsbestimmungen auf das Gesetz zurückgehen, sind diese vor dem Hintergrund der Unvereinbarkeit des Gesetzes mit europäischem Recht auch zu prüfen, obwohl die Satzungsbestimmungen nicht Gegenstand des Verfahrens vor dem EuGH waren.[139] Durch den Wegfall der maßgeblichen Sondervorschriften des VW-Gesetzes sind die bis dato durch dieses Gesetz legitimierten entsprechenden Satzungsvorschriften nun am allgemeinen deutschen Aktienrecht zu messen.

Die Beschränkung des Stimmrechts aus § 24 Abs. 1 S. 4 der Satzung der Volkswagen AG[140] auf 20% des Grundkapitals verstößt gegen § 134 Abs. 1 S. 2 AktG, der solche Beschränkungen nur noch für nicht börsennotierte Gesellschaften zulässt. Gemäß § 23 Abs. 5 AktG ist eine vom Gesetz abweichende Satzungsbestimmung unzulässig. Ob eine solche Abweichung in jedem Fall zur Nichtigkeit der fraglichen Bestimmung führt ist umstritten, wird hier aber anzunehmen sein.[141]

Bezüglich des Entsenderechts gemäß § 12 der Satzung ist die Beschränkung auf ein Drittel der Aktionärsvertreter aus § 101 Abs. 2 S. 4 AktG zu beachten. Die Satzung gewährt – wie auch das VW-Gesetz – ein Entsenderecht für die öffentliche Hand in Höhe von insgesamt vier Vertretern. Auch ein Verstoß gegen § 101 Abs. 2 S. 4 AktG führt zur Nichtigkeit der Satzungsbestimmung. Eine Berufung auf § 101 Abs. 2 S. 5 AktG scheitert. Diese Vorschrift sicherte explizit § 4 Abs. 1 VW-Gesetz, der für europarechtswidrig erkannt wurde. Damit ist auch diese Satzungsvorschrift aufzuheben. Soll ein Entsenderecht für maximal zulässige drei Vertreter bestehen bleiben, müsste es durch einen entsprechenden Hauptversammlungsbeschluss eingeräumt werden.

---

[138] *Verse*, GPR 2008, 31 (36).
[139] *Kilian*, NJW 2007, 3469 (3471); *Teichmann/Heise*, BB 2007, 2577 (2578).
[140] Satzung der Volkswagen Aktiengesellschaft, Stand: März 2008, abrufbar unter http://www.volkswagenag.com/vwag/vwcorp/content/de/investor_relations/corporate_governance/satzung.html.
[141] *Teichmann/Heise*, BB 2007, 2577 (2578).

Die Erhöhung der Beschlussmehrheit von drei Viertel auf vier Fünftel, die in der Satzung in § 26 Abs. 2 verankert ist, wird gemäß Gesetzentwurf im VW-Gesetz erhalten bleiben. Dadurch wäre weiterhin auch die inhaltsgleiche Vorschrift der VW-Satzung gesichert. Indes wirkt sich die Diskussion um die Urteilsauslegung auf die Gültigkeit dieser Satzungsbestimmung fort. Der Gerichtshof hat argumentiert, dass die Bestimmung des VW-Gesetzes eine nationale Maßnahme sei, da sie nicht auf dem freien Willen der Aktionäre beruhe. Dieser Argumentation folgend wäre auch § 26 Abs. 2 der Satzung, der durch das VW-Gesetz in die Satzung eingefügt wurde, nicht mehr anzuwenden oder, sollte er dem Willen der aktuellen Aktionäre entsprechen, durch Hauptversammlungsbeschluss zu bestätigen.[142] Soweit die Vorschrift im VW-Gesetz erhalten bleibt und in einem etwaigen neuerlichen Verfahren nicht beanstandet wird, würde sie die Satzungsvorschrift jedoch legitimieren. Die beiden Hauptaktionäre Porsche Automobil Holding SE und das Land Niedersachsen haben jeweils eigene Anträge zur Satzungsanpassung an das EuGH-Urteil vorgelegt.[143] Aufgrund der bereits beschriebenen Interpretationsmöglichkeiten des Urteils schlug Porsche die Streichung aller drei in Frage stehenden Regelungen vor, während das Land Niedersachsen die Erhöhung der Abstimmungsmehrheit dem Gesetzentwurf entsprechend auch in der Satzung erhalten wollte. Die Vorschläge wurden der Hauptversammlung der Volkswagen AG am 24. April 2008 zur Beschlussfassung vorgelegt. In der Beschlussfassung kam es nicht zu einer satzungsändernden Mehrheit, da beide Großaktionäre gegen den Vorschlag des jeweils anderen stimmten.[144] In diesem Zusammenhang haben sowohl Porsche als auch das Land Niedersachsen Anfechtungsklagen erhoben, die noch anhängig sind.[145] Am 12. September 2008 wurde auf Betreiben des niedersächsischen Ministerpräsidenten und VW-Aufsichtsratsmitglied Christian Wulff in der VW-Aufsichtsratssitzung mehrheitlich dem Vorschlag des Landes Niedersachsen zugestimmt. Das zuständige Registergericht Braunschweig hat jedoch mit Verweis darauf, dass eine Satzungsänderung nach § 119 Abs. 1 Nr. 5 AktG ausschließlich in die Kompetenzen der Hauptversammlung falle, die Eintragung verweigert.[146] Da der Eintragung konstitutive Wirkung zukommt, wird die Satzungsänderung nicht wirksam; der Aufsichtsratsbeschluss ist mithin bedeutungslos.

---

[142] *Teichmann/Heise*, BB 2007, 2577 (2578); vgl. auch Kommission/Niederlande, verb. Rs. C-282/04, C-283/04, Slg. 2006, I-9141 ff., Rn. 22; dazu Möslein, ZIP 2007, 208 ff.

[143] Siehe Erweiterung der Tagesordnung der 48. Hauptversammlung der Volkswagen AG vom 24. April 2008, einsehbar unter:
http://www.volkswagenag.com/vwag/vwcorp/content/de/investor_relations/annual_general_meeting/HV_2008/Agenda.html.

[144] Siehe Abstimmungsergebnisse der 48. Hauptversammlung der Volkswagen AG vom 24. April 2008, einsehbar unter:
http://www.volkswagenag.com/vwag/vwcorp/content/de/investor_relations/annual_general_meeting/HV_2008/Voting_Results.html

[145] Niedersachsen behält Veto – Porsche klagt, Bericht auf www.manager-magazin.de, vom 27. Mai 2008.

[146] Vgl. Pressemitteilung der Porsche Automobil Holding SE vom 29.September 2008, diese und im Folgenden zitierte Pressemitteilungen der Porsche Automobil Holding SE sind abrufbar unter http://www.porsche.com/germany/aboutporsche/pressreleases/.

II. Auswirkungen auf privatautonome Gestaltungen

Mit fortschreitender Rechtsprechung zu den Goldenen Aktien ist eine Diskussion bezüglich einer eng damit verbundene Thematik im Schrifttum entfacht worden.[147] Dabei geht es um die sogenannte mittelbare Drittwirkung der Kapitalverkehrsfreiheit.[148] Gemeint sind damit Maßnahmen mit investitionshemmendem Effekt, die anders als Goldene Aktien nicht auf staatliches Handeln zurückzuführen sind, sondern auf privatautonomen Regelungen der nichtstaatlichen Gesellschafter beruhen (etwa Satzungsbestimmungen bezüglich Entsende-, Höchst – und Mehrstimmrechte, Vinkulierungen von Anteilen).[149] Das VW-Urteil trifft hierzu zwar keine explizite Aussage. In der Differenzierung zwischen gesetzlich vorgeschriebenen Höchststimmrechten und verminderten Sperrminoritäten sowie Vorschriften, die die Aktionäre zu solchen Regelungen lediglich ermächtigen, lässt sich jedoch eine Tendenz erkennen.[150] Insbesondere die Formulierung, dass „ein Unterschied zwischen einer den Aktionären verliehenen Befugnis, von der sie Gebrauch machen können oder auch nicht, und einer den Aktionären durch Gesetz auferlegten spezifischen Verpflichtung, von der sie nicht abweichen können"[151] bestehe, deutet darauf hin, dass der Gerichtshof solche privatautonomen Gestaltungen vermutlich nicht beanstanden wird.[152] Eine Möglichkeit zur Vorlage dieser Frage an den EuGH könnte sich schon bald in dem aktuellen Rechtsstreit um die Entsenderechte bei Thyssen/Krupp ergeben. [153]

III. Umfassende Prüfung des Gesellschafts- und Kapitalmarktrechts

Die Grundfreiheiten des EG-Vertrages bezwecken die Vereinheitlichung und Liberalisierung des europäischen Binnenmarktes. Sie richten sich insbesondere gegen Diskriminierungen. Durch die Rechtsprechung zu den Goldenen Aktien, die mit dem Urteil zum VW-Gesetz fortsetzt und deren Anwendungsgebiet durch dieses Urteil weiter ausgedehnt wird, hat der EuGH den Regelungsbereich des Art. 56 EG deutlich erweitert.[154] Als von Art. 56 EG erfasste Beschränkungen des Kapitalverkehrs sollen danach nicht nur diskriminierende Maßnahmen gegenüber Angehörigen anderer Mitgliedsstaaten, sondern grundsätzlich auch allgemeine Beschränkungen des Kapitalverkehrs, die Inländer wie Ausländer gleichermaßen treffen, anzusehen sein. Entscheidend ist lediglich, dass auch Anleger aus anderen Mitgliedsstaaten von der Investition

---

[147] *Bayer*, BB 2004, 1 (3 f.); *Grundmann/Möslein*, ZGR 2002, 317 (358 ff.).

[148] *Seeling/Zwickel*, BB 2008, 622 (623); *Möslein*, AG 2007, 770 (772).

[149] *Verse*, GPR 2008, 31 (35) m. w. Nachw.

[150] *Bayer/Schmidt*, BB 2008, 454 (460).

[151] *EuGH*, (Fn. 2), Rn. 40.

[152] Vgl. *Verse*, GPR 2008, 31 (35); *Bayer/Ohler*, ZG 2008, 12; *Teichmann/Heise*, BB 2007, 2577 (2581); OLG Hamm, Urteil vom 31. März 2008, mit Anmerkung von *Ogorek/von der Linden*, BB 2008, 1136; anders aber *Möslein*, AG 2007, 770.

[153] Zu den Entsenderechten bei ThyssenKrupp LG Essen, Urteil vom 26. September 2007 – 45 O 15/07 = AG 2007, 797; vgl. auch *Möslein*, AG 2007, 770; *Verse*, GPR 2008, 31 (37).

[154] *Teichmann/Heise*, BB 2007, 2577 (2581); *Verse*, GPR 2008, 31 (34).

in das Kapital inländischer Unternehmen abgehalten werden können oder der Erwerb von Aktien dieser Unternehmen verhindert oder erschwert wird. Vor diesem Hintergrund ist in der Literatur die Frage aufgeworfen worden, ob das gesamte nationale Gesellschafts- und Kapitalmarktrecht insoweit nunmehr von einer Überprüfung auf Europarechtskonformität bedroht ist.[155] Dazu lässt sich zunächst feststellen, dass dies offensichtlich der Preis ist, der für die gewollte Liberalisierung zu zahlen ist.[156] Andererseits ist zu beachten, dass nicht sämtliche Beschränkungen des freien Kapitalverkehrs aufgehoben werden dürfen. Nur soweit sie diskriminierend beziehungsweise nicht gerechtfertigt sind, muss es langfristig das Ziel sein, diese der Europäisierung zugänglich zu machen. Voraussetzung dafür ist zunächst jedoch das Vorhandensein eines umfassenden Gemeinschaftsrecht in den Bereichen des Gesellschafts- und Kapitalmarktrechts. Solange das Gemeinschaftsrecht dieser Anforderung nicht genügt, dienen die mitgliedstaatlichen Regelungen überhaupt erst dazu, den betreffenden Markt zu eröffnen.[157] Erst wenn ein insoweit umfassendes Gemeinschaftsrecht geschaffen ist, kann eine Überprüfung der nationalen Regelungen erfolgen. Jedes andere Vorgehen würde dazu führen, dass die Kohärenz der nationalen Regelungen beeinträchtigt würde mit der Folge erheblicher Rechtsunsicherheiten.[158] Die weitere Entwicklung in diesem Bereich hängt stark von der künftigen Rechtsprechung des EuGH zu privatautonomen Gestaltungen mit investitionshemmendem Charakter ab.[159]

IV. Folgen für die Volkswagen AG

Unter der Ungewissheit des Weiterbestehens der Stimmrechtsbeschränkung war eine weitere Aufstockung der Beteiligung an der Volkswagen AG für die Porsche AG nur begrenzt lukrativ. Bereits nach Bekanntgabe der Schlussanträge des Generalanwalts und der sich abzeichnenden Verurteilung Deutschlands erweiterte die Porsche AG jedoch ihren Anteil am stimmberechtigten Grundkapital auf über 30%.[160] Nach der Abschaffung des Höchststimmrechts kann Porsche als größter Aktionär sein Stimmrecht nun entsprechend seinem Anteil ausüben und erweiterte diesen umgehend auf 42,6%.[161] Laut Konzernangaben ist ein Überschreiten der 50% noch für November/Dezember 2008 geplant. Der Neuentwurf des VW-Gesetzes ändere daran nichts.[162]

---

[155] Vgl. *Grundmann/Möslein*, BKR 2002, 758 (764 f.); *Grundmann/Möslein*, ZGR, 2003, 317 (324); *Oechsler*, NZG 2007, 161 (163); *Teichmann/Heise*, BB 2007, 2577 (2581).

[156] *Oechsler*, NZG 2007, 161 (163).

[157] Vgl. dazu *Kainer*, Unternehmensübernahmen im Binnenmarktrecht (2004), S. 177 ff.; *Teichmann/Heise*, BB 2007, 2577 (2581).

[158] *Teichmann/Heise,* BB 2007, 2577 (2581).

[159] *Verse*, GPR 2008, 31 (37).

[160] *Verse*, GPR 2008, 31, 32.

[161] Pressemitteilung der Porsche AG vom 26. Oktober 2008.

[162] Pressemitteilung der Porsche Automobil Holding SE vom 16. September 2008; „Porsche will noch 2008 über 51%", Artikel auf www.manager-magazin.de vom 29. Juli 2008.

Unternehmensangaben zufolge besitzt Porsche bereits Optionen für weitere 31,5% der Stammaktien.[163]

In einer außerordentlichen Hauptversammlung am 26. Juni 2007 wurde die Porsche Automobil Holding SE gegründet, die sowohl das Dach für die operativ tätige 100%ige Tochtergesellschaft Porsche AG bildet, als auch die Beteiligung an der Volkswagen AG hält. Durch die Gründung der SE und das für diese Rechtsform im Vergleich zur gesetzlich vorgeschriebenen Mitbestimmung einer AG flexibler gestaltbare Statut der Mitbestimmung würde bei einer etwaigen Übernahme auch das traditionell sehr ausgeprägte Mitbestimmungsrecht bei Volkswagen beschnitten. Management und Betriebsrat der Porsche AG haben bei der Gründung der SE von der Möglichkeit aus Art. 2 Abs. 2 SEGB Gebrauch gemacht, eine Vereinbarung über die Mitbestimmung der Arbeitnehmer in der SE zu treffen. Diese Vereinbarung sieht vor, dass der Aufsichtsrat der Porsche-Holding paritätisch besetzt wird. Die 6 Arbeitnehmervertreter werden von der Porsche AG bestellt. Erst wenn die Beteiligung an der Volkswagen AG 50% übersteigt, sollen 3 der 6 Arbeitnehmervertreter aus der Volkswagen AG stammen.[164] Das wahre Verhältnis dessen, was auf den ersten Blick nach einer Gleichstellung von Arbeitnehmervertretern der Porsche AG und der Volkswagen AG aussieht offenbart sich erst bei einem Blick auf die Beschäftigtenzahlen: Porsche hat etwa 11.500 Arbeitnehmer, Volkswagen über 330.000.[165] Der Streit mit dem Konzernbetriebsrat der Volkswagen AG um die künftige Mitbestimmung war aufgrund dieser Vereinbarung absehbar.[166] Das Arbeitsgericht Stuttgart entschied in dieser Sache mit Beschluss vom 29. April 2008 zugunsten Porsches für die Wirksamkeit der Vereinbarung.[167]

Eine Übernahme der Volkswagen AG durch die viel kleinere Porsche AG wurde überwiegend als nicht finanzierbar eingeschätzt.[168] Aufsehenerregende Finanzaktivitäten mit Volkswagen-Aktien an der Börse haben Porsche jedoch in jüngster Zeit Milliardengewinne beschert.[169] In einer Pressemitteilung ließ das Unternehmen verkünden, dass auf lange Sicht eine Mehrheit von 75% angestrebt werde, um einen Beherrschungsvertrag mit der Volkswagen AG zu schließen.[170] Nach momentanem Stand des Gesetzentwurfes mit Erhalt der Sperrminorität wäre dies jedoch nicht möglich. Das Land Niedersachsen wird sich kaum von seinen knapp 20% trennen und könnte

---

[163] Pressemitteilung der Porsche AG vom 26. Oktober 2008.

[164] Vgl. dazu Arbeitsgericht Stuttgart, Beschluss vom 29. April 2008, Az. 12 BV 109/07.

[165] „Angriff auf das Gewerkschaftsparadies", Artikel auf www.spiegel.de vom 24.10.2007.

[166] Vgl. zu der Auseinandersetzung auch Pressemitteilung von Porsche Automobil Holding SE vom 27. August 2008 und 26. September 2008 und „Wulff unterstützt VW-Betriebsrat gegen Porsche", Artikel auf www.spiegel.de vom 19. September 2007.

[167] Arbeitsgericht Stuttgart, Beschluss vom 29. April 2008, Az. 12 BV 109/07, Rn. 1.3.

[168] *Kilian*, NJW 2007, 1508 (1511).

[169] Siehe dazu etwa Titelthema Die Tricks mit der VW-Aktie, in Frankfurter Allgemeine Sonntagszeitung vom 2. November 2008, S. 49.

[170] Pressemitteilung der Porsche AG vom 26. Oktober 2008.

dadurch den Abschluss eines solchen Unternehmensvertrages jedenfalls solange blockieren, wie diese Regelung nicht etwa durch den EuGH für unvereinbar mit europäischem Recht erklärt wird.

F. Fazit

Auch nach dem EuGH-Urteil ist der Fortbestand des VW-Gesetzes nicht abschließend geklärt. Insbesondere vor dem Hintergrund des mit dem Gesetzentwurf intendierten teilweisen Erhalts des VW-Gesetzes zeichnet sich ein neuerlicher Gang der Kommission vor den EuGH immer deutlicher ab. Für die Erfolgsaussichten der Kommission ist entscheidend, worauf sie ihre Klage richtet. Eine Verurteilung Deutschlands wegen nicht vollständiger Umsetzung des Urteils mit eventueller Geldstrafe erscheint äußerst unwahrscheinlich. Leitet die Kommission hingegen ein erneutes Vertragsverletzungsverfahren wegen Beschränkung des Kapitalverkehrs allein durch die Sperrminorität ein, stehen die Chancen auf Erhalt dieser Vorschrift des VW-Gesetzes eher schlecht. Wie die Übernahmeabsicht der Porsche SE zeigt, ist der Ausgang dieses Rechtsstreites neben seiner rechtlichen Bedeutung auch für die Wirtschaft von immensem Interesse.

Indessen hat das Urteil die Rechtsprechung zu den Goldenen Aktien fortgeführt und den Anwendungsbereich der Kapitalverkehrsfreiheit weiter ausgedehnt. Als Begünstigung des Staates werden nunmehr nicht nur exklusiv eingeräumte Sonderrechte angesehen, sondern auch auf nationalen Maßnahmen beruhende beschränkende Regeln, die zwar für alle Aktionäre gleich gelten, aber faktisch eine Begünstigung der öffentlichen Hand bewirken. Diese Erkenntnisse sind bei zukünftigen Unternehmens-privatisierungen zu berücksichtigen. Gerade im Hinblick auf die seit langem geplante und wegen der Finanzmarktkrise auf unbestimmte Zeit verschobene Teilprivatisierung der Deutsche Bahn AG ist eine Gestaltung, die dem Staat weiterhin entscheidenden Einfluss auf das Unternehmen gewährt und gleichzeitig europarechtskonform ist, von besonderer Bedeutung.[171] Die denkbar einfachste und europarechtlich unbedenkliche Lösung dafür besteht im Verbleib der Kapitalmehrheit in öffentlicher Hand ohne Gewährung etwaiger Sonderrechte.[172]

---

[171] „Bahn Privatisierung – Mehdorn sucht das Hintertürchen", Artikel auf www.manager-magazin.de vom 9. November 2008.

[172] Dazu ausführlich *Teichmann/Heise,* BB 2007, 2577 (2580).

Literaturverzeichnis

Armbrüster, Christian, Golden Shares und die Grundfreiheiten des EG-Vertrags – EuGH, NJW 2002, 2303, 2305, 2306, JuS 2003, S. 224-227

Baums, Theodor, Höchststimmrechte, AG 1990, S. 221-242

Bayer, Walter, Zulässige und unzulässige Einschränkungen der europäischen Grundfreiheiten im Gesellschaftsrecht, in: BB 2002, S. 2289-2291

Bayer, Walter, Aktuelle Entwicklungen im Europäischen Gesellschaftsrecht, BB 2004, S. 1-11

Bayer, Walter/ Ohler, Christoph, Staatsfonds ante portas, ZG 2008, S. 12-31

Bayer, Walter/ Schmidt, Jessica: Aktuelle Entwicklungen im Europäischen Gesellschaftsrecht (2004-2007), BB 2008, S. 454-460

Calliess, Christian/ Ruffert, Matthias, EUV/EGV, Das Verfassungsrecht der Europäischen Union mit Europäischer Grundrechtscharta, 3. Auflage, München 2007, zitiert: *Bearbeiter*, in: Calliess/Ruffert, EUV/EGV

Colomer, Dámaso Ruiz-Jarabo, Schlussanträge des Generalanwalts Dámaso Ruiz-Jarabo Colomer vom 13. Februar 2007, Rechtssache C-112/05, Slg. 2007, S. I-08995

Colomer, Dámaso Ruiz-Jarabo, Verbundene Schlussanträge des Generalanwalts Dámaso Ruiz-Jarabo Colomer vom 3. Juli 2001, Rs. C-367/98, C-483/99, C-503/99, Slg. 2002, S. I-04731

Dauner-Lieb, Barbara/ Lamandini, Marco, Der neue Kommissionsvorschlag einer EU-Übernahmerichtlinie – Stellungnahme der Gutachter des EU-Parlaments, BB 2003, S. 265-267.

Die Kommission der Europäischen Gemeinschaften, Mitteilung der Kommission: EU-interne Investitionen im Finanzdienstleistungssektor, C-2005/4080.

Friedrich, Thomas A., Brief aus Brüssel, VW 2004, S. 1657

Friedrich, Thomas A., Brief aus Brüssel, VW 2004, S. 238

Grabitz, Eberhard/ Hilf, Meinhard (Hrsg.), Das Recht der Europäischen Union, Loseblattausgabe, Band II EUV/EGV, 37. Ergänzungslieferung, November 2008, zitiert: *Bearbeiter*, in: Grabitz/Hilf EUV/EGV

Grundmann, Stefan/ Möslein, Florian, Die Golden Shares Grundsatzentscheidungen des Europäischen Gerichtshofs – Anmerkung zu den Entscheidungen EuGH, BKR 2002, 773 (Kommission/Frankreich), EuGH, BKR 2002, 778 (Kommission/Belgien), und EuGH, BKR 2002, 783 (Kommission/Portugal) – alle in diesem Heft, BKR 2002, S. 758-765

Grundmann, Stefan/ Möslein, Florian: ECLR, Die Goldene Aktie, Staatskontrollrechte in Europarecht und wirtschaftspolitischer Bewertung, ZGR 2003, S. 317-366

Heintschel von Heinegg, Wolff/ Pechstein, Matthias, Gutachterliche Stellungnahme zur Auslegung des EuGH Urteils hinsichtlich der Regelung des § 4 Abs. 3 VW-Gesetz, in Auftrag gegeben von IG Metall und Konzernbetriebsrat von Volkswagen (einsehbar beim Volkswagen Konzernbetriebsrat)

Kainer, Friedemann, Unternehmensübernahmen im Binnenmarktrecht - Zugleich ein Beitrag zur Privatrechtswirkung der Grundfreiheiten, Heidelberger Schriften zum Wirtschaftsrecht und Europarecht, Band 17, Heidelberg 2004, zitiert: *Kainer*, Unternehmensübernahmen im Binnenmarktrecht (2004)

Kerber, Markus C., Staatliche Aktionärsprivilegien weiterhin ungeklärt – Anmerkungen zum Urteil des EuGH, NZG 2007, 942, NZG 2008, S. 9-12

Kilian, Wolfgang, Vereinbarkeit des VW-Gesetzes mit Europarecht, NJW 2007, S. 3469-3471

Kilian, Wolfgang, Verstößt das VW-Gesetz gegen die Kapitalverkehrsfreiheit?, NJW 2007, S. 1508-1511

Kilian, Wolfgang, VW-Gesetz und Wissenschaftsförderung, NJW 2002, S. 3599-3601

Krause, Hartmut, Von „goldenen Aktien", dem VW-Gesetz und der Übernahmerichtlinie, NJW 2002, S. 2747-2751

Kreienschulte, Peter, Der Rechtscharakter der Stiftung Volkswagenwerk, Münster, 1969

Lanfermann, Georg/ Maul, Silja, EU-Übernahmerichtlinie: Aufstellung und Prüfung des Lageberichts, BB 2004, S. 1517-1521

Möslein, Florian, Inhaltskontrolle aktienrechtlicher Entsendungsrechte: Europäische Anforderungen und Ausgestaltung im deutschen Aktienrecht, AG 2007, S. 770-777

Möslein, Florian, Kapitalverkehrsfreiheit und Gesellschaftsrecht, ZIP 2007, S. 208-214

Oechsler, Jürgen, Erlaubte Gestaltungen im Anwendungsbereich des Art. 56 Abs. 1 EG – zugleich zur Entscheidung EuGH, NZG 2006, 942 – Golden Shares IV, NZG 2007, S. 161-166

Ogorek, Markus/ von der Linden, Klaus, Zur Frage der Europarechtswidrigkeit von Entsenderechten zugunsten privater Aktionäre, BB 2008, S. 1139-1140

Pießkalla, Michael, Beschränkung der Niederlassungs- und Kapitalverkehrsfreiheit durch staatliche Sonderrechte in Aktiengesellschaften – golden shares, Anmerkung, EuZW 2006, S. 725

Pießkalla, Michael, „Goldene Aktien": Ungarisches Privatisierungsgesetz geändert, WiRO 2007, S. 193-197

Pießkalla, Michael, Zur Unvereinbarkeit des deutschen VW-Gesetzes mit EU-Recht, EuZW 2007, S. 702-703.

Ruge, Reinhard, Goldene Aktien und EG-Recht, EuZW 2002, S. 421-424

Sander, Florian, Volkswagen vor dem EuGH – der Schutzbereich der Kapitalverkehrsfreiheit am Scheideweg, EuZW 2005, S. 106-109

Schavoir-Ysselstein, Renate: Brief aus Brüssel, VW 2003, S. 484

Seeling, Rolf Otto/ Zwickel, Martin, Das Entsenderecht in den Aufsichtsrat einer Aktiengesellschaft als „Ewigkeitsrecht", BB 2008, S. 622-628

Spindler, Gerald, Deutsches Gesellschaftsrecht in der Zange zwischen Inspire Art und Golden Shares?, RIW 2003, S. 850-858

Streinz, Rudolf, EUV/EGV, Beck'sche Kurz-Kommentare, Band 57, München, 2003, zitiert: *Bearbeiter*, in: Streinz, EUV/EGV

Teichmann, Christoph/ Heise, Elisabeth, Das VW-Urteil des EuGH und seine Folgen, BB 2007, S. 2577-2582

Verse, Dirk A., Das VW-Urteil und seine Folgen. Zugleich Besprechung von EuGH, Urteil vom 23. Okober 2007, Rs. C-112/05 – Kommission ./. Deutschland, GPR 2008 S. 31-38

Voigt, Sebastian: Rechtfertigen strukturpolitische Ziele das VW-Gesetz?, EWS 2006, S. 343-346

von der Groeben, Hans/Schwarze, Jürgen, Kommentar zum Vertrag über die Europäische Union und zur Gründung der Europäischen Gemeinschaft, Band 4, Art. 189 – 314 EGV, 6. Auflage, Baden-Baden, 2004, zitiert: *Bearbeiter*, in: von der Groeben/Schwarze

von Grieger, Manfred/ Schlinkert, Dirk/ Gutzmann, Ulrike (Hrsg.): Volkswagen Chronik, Der Weg zum Global Player, Aus der Serie Historische Notate, Schriftenreihe der historischen Kommunikation der Volkswagen Aktiengesellschaft, Wolfsburg 2008

Weil, Kurt/Lustig, Ekkard, Die Rechtsprechung des Europäischen Gerichtshofes zu „Goldenen Aktien" der Mitgliedsstaaten an privatisierten Unternehmen: Besprechung der Urteile des EuGH vom 4. Juni 2002, EuLF 2002, S. 277-280

Weiss, Michael, Staatlicher Schutz vor Investitionen nach dem Urteil zum VW-Gesetz, EWS 2008, S. 13-21

Wellige, Kristian: Weg mit dem VW-Gesetz, EuZW 2003, S. 427-433

Zypries, Brigitte, Gute Gründe für das VW-Gesetz, Rede der Bundesministerin der Justiz, Brigitte Zypries MdB, bei der 1. Lesung des VW-Gesetzes im Deutschen Bundestag am 16. Oktober 2008

Zypries, Brigitte, VW-Gesetz erhalten – EuGH Urteil umsetzen! Rede der Bundesministerin der Justiz, Brigitte Zypries MdB, bei der Beratung über den Regierungsentwurf eines Gesetzes zur Änderung des VW-Gesetzes am 19. September 2008 im Bundesrat